A Sabedoria dos Cristais

A Sabedoria dos Cristais

Aurora Reis

2ª edição / Porto Alegre-RS / 2021

Coordenação editorial: Maitê Cena
Capa e projeto gráfico: Marco Cena
Revisão: Bianca Diniz
Produção editorial: Jorge Meura
Produção gráfica: André Luis Alt

Dados Internacionais de Catalogação na Publicação (CIP)

R375s   Reis, Aurora
           Sabedoria dos cristais. / Aurora Reis. – Porto Alegre: 2.ed. BesouroBox, 2021.
           236 p.; 16 x 23 cm

           ISBN: 978-85-5527-069-7

           1. Meditação. 2. Autoconhecimento. 3. Cristais. I. Título.

                                                                         CDU 133

Bibliotecária responsável Kátia Rosi Possobon CRB10/1782

Copyright © Aurora Reis, 2021.

Todos os direitos desta edição reservados a
Edições BesouroBox Ltda.
Rua Brito Peixoto, 224 - CEP: 91030-400
Passo D'Areia - Porto Alegre - RS
Fone: (51) 3337.5620
www.besourobox.com.br

Impresso no Brasil
Março de 2021.

*Em homenagem aos meus ancestrais,
que me antecederam na linhagem familiar e me
permitiram estar aqui hoje.*

*Dedico este livro a todos aqueles que têm sede de
aprender e que não se contentam
apenas com a ponta do iceberg...*

*Que a sabedoria divina inspire os buscadores sinceros,
que, tais como beija-flores, buscam no néctar
da poesia a compreensão cristalina...*

Cristais,
Seres de Luz!
Ensinai-me a curar
Para que eu possa
Resplandecer minha Luz interna

Dai-me a sabedoria
E a intuição necessárias
Para empreender esta jornada
Para dentro de
mim mesma

Onde está
todo mistério
Onde está guardado o tesouro
O pote de ouro
Dentro do
meu coração!

Dai-me a chave!
Revelai-me
teus segredos
Para que eu possa
Desvelar os mistérios de minh'alma!
Guardai-me
para sempre
Em tua poderosa proteção e amparo
Para que eu
seja digna
De me tornar
Uma agente de cura
Tal como o
Plano deseja

Entrego-me ao
Teu serviço
Fazei de mim
Teu instrumento
Aos pés do Criador
Aguardo silenciosamente
O chamado
Aguardo pacientemente
E com Amor.

Amém!

Sumário

Prefácio 11
Era uma vez... 13
Como posso aprender com os cristais?................................. 17
Acessando a sua sabedoria interna 22
Os cristais curam as doenças?... 27
A função dos cristais.. 29
O dharma dos cristais.. 32
Reflexões 36
Textos inspirados... 38
Algumas outras questões sobre os cristais........................... 41
Conhecendo a energia dos cristais....................................... 44
Será que o Cristal é assim? Ou será que sou eu que sou assim? 46
Os cristais favorecem a Luz ou combatem as sombras? 49
A lição última.. 51
P.S.: "O pulo do gato"... 53
Ativando o seu cristal interno: uma meditação especial........ 55
Meditações com os cristais 57
Agradecimentos finais... 233
Quem sou eu? 234

Prefácio

Muitos livros já foram escritos sobre cristais e pedras preciosas, descrevendo suas maravilhosas propriedades terapêuticas. Porém, toda essa informação está contida ainda na base do conhecimento, abrangendo somente o nosso nível intelectual/mental.

Alguns poucos autores, como Katrina Raphaell, uma das pioneiras nos trabalhos com cristais, iniciados por volta da década de 1980, consegue atingir o nível da alma/da inspiração. Por essa razão, seu trabalho é considerado um dos mais sérios e respeitados no ramo.

Porém, há muito mais a ser descoberto. A sabedoria que está latente em cada cristal ainda está para ser descoberta. Qualquer pessoa (como eu ou você) pode ter acesso a essa descoberta, que vai além de todo conhecimento literário.

Todo o trabalho feito até então teve o seu mérito, pois, do contrário, não estaríamos aqui, podendo usar os cristais com alguma base de estudo.

Mas podemos dar um passo além de todo o conhecimento recebido e almejar algo mais... Descobrir o que há de novo e aprender diretamente com os cristais. Buscar ter essa curiosidade e, ao mesmo tempo, reverência, pois ainda estamos aprendendo. Imaginem o acesso a toda a tecnologia utilizada na Atlântida, cuja civilização era movida pela energia dos cristais, ou conhecer as técnicas de cura utilizando os cristais que eram empregadas nos templos egípcios... Não sabemos muito, temos de admitir.

E toda essa sabedoria, ainda a ser revelada, é uma herança nossa como povo da Terra. Está na hora de assumirmos o nosso papel e a nossa responsabilidade como Guardiões da Terra, aprendendo a trabalhar em conjunto com todos os reinos aqui existentes: angélico, dévico, mineral, vegetal, animal e humano.

Aprender a interagir com esses outros reinos é aprender mais sobre si mesmo e sobre quem somos. Na verdade, todo o nosso corpo é a Terra. Saber ouvir a alma e os segredos da Natureza é estar disposto a abrir mão de tudo que já se sabe ou já se ouviu. É estar aberto ao Novo, ao Vazio... Liberto de preconceitos, crenças e padrões limitantes de pensamentos. Rumo ao desconhecido dentro de nós mesmos...

Os cristais espelham uma Luz e consciência que já são nossas, ajudando-nos a reconhecê-las e a entrar em contato com a Luz Maior.

Todo cristal contém uma determinada programação, que não foi feita por nenhum ser humano, mas pelas Mãos Invisíveis do Criador.

Está na hora de sabermos por que e para que estamos aqui. Chegou o momento de nos prepararmos para a nossa história começar...

Vamos lá?

Era uma vez...

No antigo continente da Atlântida, lendária para alguns e bem real para outros, havia uma sociedade capaz de criar um intercâmbio direto com os cristais, que conseguia aproveitar e extrair todos os seus benefícios e potencialidades.

Eles sabiam como trabalhar com os cristais em várias áreas distintas, principalmente como fonte de energia natural, assim como hoje utilizamos a energia elétrica.

Toda a estrutura de suas cidades era abastecida pelo funcionamento adequado de certos cristais, que funcionavam como geradores de energia. Além disso, os cristais possuíam muitas outras funções, sendo utilizados também para a cura – como fazemos atualmente na Cristaloterapia.

Apesar de toda a harmonia gerada pela tecnologia empregada com os usos dos cristais, havia um grupo de seres voltados para fins egoístas que começou a querer manipular a força desses enormes cristais em proveito próprio.

Este mau uso do poder e da força ocasionou um desastre tão grande que favoreceu diversas catástrofes ambientais, como furacões, terremotos, maremotos etc., que contribuíram para o extermínio da civilização atlante e para que todo o continente explodisse e afundasse posteriormente. Muitos autores associam esses desastres ao dilúvio bíblico de Noé.

Essas catástrofes foram acontecendo gradualmente, com estágios de declínio, e a civilização foi extinguindo-se aos poucos.

Muitos atlantes, que estavam conectados espiritualmente e trabalhando com a Hierarquia Divina de Luz na Terra, sabiam desses fatos e, por isso, conseguiram preparar-se antecipadamente. Alguns fugiram para o Egito e Tibete, outros foram para a América Central (os maias) e, assim, conseguiram preservar muito do seu conhecimento sobre os cristais.

Muitos mestres e sacerdotes da Luz programaram diversos cristais com todo o seu conhecimento, pois acreditavam que essa seria uma forma segura de preservar sua sabedoria. Eles acreditavam que, no momento certo, esses cristais emergiriam à superfície da Terra e cairiam nas mãos de pessoas preparadas para usá-los. Esses cristais, atualmente, são conhecidos como arquivistas, pois contêm um triângulo perfeito em uma de suas faces, que é o seu "arquivo". São cristais especiais que armazenam tais registros.

Os sobreviventes atlantes que migraram para o Egito utilizaram muito o conhecimento dos cristais para a construção das pirâmides. Inclusive, diz-se que, originalmente, a pirâmide de Quéops (a maior de todas elas) possuía um grande cristal flutuando em seu ápice e que, dessa forma, ajudava a ancorar a energia espiritual das esferas superiores na Terra.

Grande parte da sabedoria atlante proveio da estrela Sírius, com a qual eles estavam intimamente ligados. Em um nível superior de consciência, Sírius é a fonte dessa sabedoria na Terra. Se o nosso planeta simbolizasse a nossa escola, essa estrela seria a universidade para onde vão as almas que já completaram a sua evolução terrestre, isto é, concluíram os sete níveis de iniciação planetários.

Ao lidarmos com os cristais, esses seres brilhantes de Luz, temos uma sensação que nos remete a esses tempos longínquos de consciência. Não é à toa que muitas pessoas que se sentem inexplicavelmente atraídas pelos cristais já foram almas que trabalharam como agentes de cura na Atlântida, no Egito ou em quaisquer outros povos que já utilizaram essa ferramenta para a cura e o autoconhecimento.

Uma reflexão importante a ser feita acerca dos cristais é que, embora eles contenham toda essa Luz, não são os responsáveis diretos por determinada cura. A verdadeira cura não está no meio externo, como, por exemplo, em um remédio, no uso de ervas e minerais, enfim, não está em todo esse instrumentário que foi construído e utilizado ao longo do tempo pela Medicina, tanto oriental quanto ocidental.

Partindo do princípio de que geramos nossas próprias desarmonias, problemas ou doenças, nossa cura só pode estar dentro de nós, ao reconhecermos que acreditamos em algo que não é real e que, por isso, criamos todo um esquema de pensamentos ilusórios, separativos e baseados no medo, tais como pensamentos de raiva, inveja, insegurança, preocupação, ansiedade...

A realidade da cura está no alinhamento com o nosso Eu Superior (ou alma), que é a parte do nosso ser que está em constante comunhão divina. Usando sabiamente nosso poder de cocriação, podemos gerar pensamentos de harmonia, paz e perfeição. Depende de nós escolher quais tipos de pensamentos e sentimentos iremos nutrir em nossas mentes.

Para obtermos o auxílio de nosso Eu Superior, basta apenas pedir por sua ajuda, para que nos ilumine e nos dê orientação. Essa ajuda vem de forma espontânea, em **insights**, sonhos ou **flashes** intuitivos.

O objetivo é que deixemos de nos identificar cada vez mais com o ego negativo – a mente que acredita estar separada da divindade – e integremos cada vez mais a mente divina do Eu Superior em nossa vida diária. Assim, iremos experimentar cada vez mais a felicidade em nossas vidas. Aceitando a Verdade em nossas consciências, poderemos curar qualquer tipo de doença ou desarmonia. Após essa aceitação, poderemos, então, manifestá-la. Aos poucos, todo esse aprendizado vai sendo alcançado e realizado em níveis cada vez mais profundos do nosso ser, até que consigamos realmente ascender à Luz. É o que chamamos de processo de iluminação ou ascensão.

Estamos em um mundo onde as pessoas esqueceram-se do objetivo primordial de sua existência: reconhecer quem são em essência, para que possam desenvolver-se ao máximo e atingir o seu próximo estágio de evolução. Nesse sentido, os cristais podem ajudar-nos a descobrir nossa verdadeira identidade, pois eles iluminam nossos aspectos sombrios e mostram-nos onde ainda não estamos realizando a Verdade em nosso ser e em nossas vidas.

A Verdade, em última instância, é a Cura Maior, como diz o ensinamento do Mestre Jesus: **Conhece a Verdade e ela vos libertará.** Só há uma Verdade; um único Deus, com muitos nomes e formas. Não existe uma religião que detém a única verdade, em detrimento das outras. Reconhecer este Um que habita em muitos é perceber que todo ser é uma faceta e fração de Deus. Ou seja, nesta lei da Unidade, Deus está em tudo que é vivo: nas plantas, nos animais e em nós, seres humanos.

Nosso aprendizado diário é, portanto, aprender a manifestar essa divindade em nossa conduta, em nossos atos, sentimentos e pensamentos. Atuar com dignidade, sendo um ser nobre, de bom caráter. Lembrarmo-nos disso, a cada dia e a cada hora, é a chave-mestra para o nosso bem viver!

Chegará um dia, então, em que não haverá mais cristais "para curar" nem remédios para tratar, médicos ou pacientes. Seremos apenas a consciência pura e santa, como Deus nos criou. Veremos que todos os seres, enfim, conseguiram alcançar o seu objetivo na Terra e manifestar a sua realização plena. Amém!

Como posso aprender com os Cristais?

O aprendizado com os cristais envolve um escutar atento. Está diretamente ligado ao nosso grau de humildade e receptividade para aprender o Novo. Quanto mais humilde você for, desprovido de ego negativo e de expectativas, mais terá sucesso em seus estudos.

A técnica de "conversar com os cristais" é bem simples e trata-se exatamente disto: uma conversa, embora silenciosa.

Como ela acontece?

Experimente começar agora mesmo. Tenha em mãos um cristal de sua preferência que já tenha sido previamente limpo e energizado (como, por exemplo, água com sal, água pura, Sol, Lua, incenso, terra – a técnica que você quiser empregar). Segure-o em sua mão não dominante (esquerda para os destros e direita para os canhotos). Feche os olhos e concentre-se na sua respiração, buscando manter a serenidade. Se quiser, recite uma oração ou realize qualquer outra prática espiritual por meio da qual sua mente entre em estado meditativo, livre de preocupações cotidianas.

O ideal é que você consiga estar conectado espiritualmente (busque ir além do nível mental). Pode-se também visualizar um pilar de luz entrando pelo topo da sua cabeça e passando por todo o seu corpo até sair pelos pés – como um banho de energia. Enfim, siga a sua intuição para entrar em um estado mental mais elevado e receptivo, pois esse é o objetivo.

Segure o cristal de olhos fechados e comece a conversar mentalmente com ele, aguardando a sua resposta. Lembre-se de que o cristal é um ser vivo, portanto, não limite a forma como essa resposta pode vir. Pode ser por meio de um sinal, um símbolo, uma música, uma cor, ou até uma voz suave em sua consciência. O importante é estar receptivo e livre de preconceitos!

Inicie perguntando qual é o seu ensinamento e o que você pode aprender com ele. Coloque-se humildemente, de coração aberto. Se não receber nada nos primeiros momentos, insista novamente mais tarde ou em outro dia. Tente perceber o que pode estar bloqueando esse processo. Também é válido apenas sentir a pulsação do cristal, percebendo se a sua energia é forte ou suave e se possui alguma direção.

É simples assim:

**Você segura o cristal com sua mão não dominante
e pergunta o que pode aprender com ele,
quais são os seus efeitos, qual é a sua sabedoria...**

Se quiser, aproveite também esse momento de meditação com o cristal para trabalhar o seu autoconhecimento. Pergunte ao cristal o que ele pode lhe ensinar sobre si mesmo, o que ainda precisa ser curado etc. É como um médico certeiro, que vai lhe mostrar exatamente aquilo que você precisa saber sobre o seu processo de cura.

Você também pode se perguntar: **Mas o cristal não fala! Que voz é essa falando comigo ao segurá-lo?**. Sim, tem razão! Essa voz é sua própria consciência, que interpreta a energia do cristal e a traduz em palavras na sua mente, de forma que você possa compreender melhor o seu ensinamento. Isso não é maravilhoso? Quantas pessoas, em geral, conseguem entrar em sintonia com um nível superior de consciência?

Por isso, os cristais nos ajudam neste nobre propósito de facilitar a nossa conexão com esses níveis mais elevados e também de fazer com que nos percebamos neles, ampliando a consciência de nós mesmos nesses níveis.

É tudo muito sutil, e deve ser um aprendizado para o coração, e não para alimentar a mente com mais informações. Tudo aquilo que é armazenado como conhecimento e não é colocado em prática, às vezes, pode se tornar um fardo em nossa vida, pois, quanto mais conhecimento, mais responsabilidade!

É importante também tomar cuidado para que, durante esse estudo fino, a mente não interfira com seus "filtros limitantes de pensamento", para que você consiga usufruir plenamente de suas descobertas nas meditações com os cristais. Porém, nem sempre isso será possível. Por isso, quanto maior o nosso nível de pureza e clareza interior, aliado ao nosso discernimento e bom senso, maior a possibilidade de coleta de informações cada vez mais preciosas.

Todo esse aprendizado está ligado ao que já foi descrito anteriormente sobre o nosso processo de evolução. Quem conscientemente escolhe evoluir e aprimorar-se a cada momento, "lapidar-se", tornar-se um melhor canal para o acesso a essa sabedoria existente nos cristais?

Será que, em algum momento, esse processo termina? Chegará o momento em que poderei dizer: **Ah, agora já sei TUDO sobre cristais, já conheço e sei para que serve cada um...** Quem pensa que sim, na verdade, está apenas iludindo a si mesmo, pois não há como dissociar o aprendizado com os cristais do nosso trabalho de autoconhecimento.

É possível, sim, que consigamos colher diversas informações e conhecer bastante sobre os efeitos de cada cristal. Mas chegar ao fim desse processo seria o mesmo que dizer: **Pronto, estou perfeito, não** tenho mais nada para evoluir, para conhecer a meu respeito, agora posso parar e descansar no Céu...**

Percebe como não é possível?

Estamos sempre em movimento, em constante transformação. Porém, esse tipo de pensamento pode ocorrer em um nível subconsciente, gerando orgulho e vaidade. Afinal, a mente também possui as suas artimanhas para se disfarçar de espiritual e pode muito bem nos enganar se não tomarmos cuidado. Para isso, basta a máxima de Jesus: **Orai e vigiai.**

Nossa evolução, portanto, é infinita. É como uma espiral em que, quando achamos que chegamos ao fim, na verdade, é somente o início de uma nova fase.

Para que, então, ansiar logo pela chegada? É mais válido e prazeroso aproveitar cada passo da estrada, observando tudo ao seu redor e, principalmente, o seu interior. A cada passo, pequeno e firme, seguiremos fortes e com confiança nessa jornada, que nada mais é do que um caminho de autoconhecimento eterno.

Se não fosse assim, seria muito frustrante chegarmos ao fim e não termos mais nada para mudar, melhorar, aprimorar, evoluir... Graças a Deus, com Sua infinita misericórdia, podemos ter sempre um novo recomeço. Aquele que nunca tem fim e nem início, este "Ser" que está em constante mutação e que é imutável, cuja grandeza nossas palavras não conseguem descrever...

Talvez cheguemos um dia a uma compreensão semelhante sobre os cristais: **Seres de Luz, seres que brilham, irmãos de amor...** O que nossas singelas palavras podem dizer sobre eles? O que são estas letras além de um código para entendermos algo no nível mental ou intelectual?

É a essa essência cristalina que quero chegar!

Não podemos aprender música apenas lendo sobre as notas; se não a ouvirmos, nunca saberemos o que é uma canção. Da mesma forma, nunca saberemos o que é o fogo, até nos queimarmos em uma chama. O mesmo ocorre com os cristais; apenas sentindo suas energias é que poderemos compreendê-los.

Conhecer um cristal e saber o que ele é, para que serve, qual lição quer me passar... E todo esse conhecimento acontecendo em um nível mais intuitivo do meu ser, em que não existe o pensar, o raciocinar, o lógico – que também são importantes, mas, muitas vezes, bloqueiam o acesso à sabedoria inata e viva. Precisamos aprender a conciliar os dois polos, equilibrando a intuição e a razão. Seria o modo mais harmonioso de utilizarmos nossa mente em todo o seu potencial.

O que é a sabedoria? É algo vivo! É o que existe aqui e agora! Aquilo que colocamos em prática em nossas vidas. Não é meramente uma informação, um conhecimento **livresco**...

Há um ensinamento que diz: **Quem é sábio não fala o que sabe. Aquele que fala é porque não é.** Acredito que seja assim!

Reservar-se à sua humildade e colocar em prática seus ensinamentos é a chave da sabedoria inata e viva.

Acessando a sua
sabedoria
interna

Conhecer as propriedades terapêuticas de cada cristal é tão importante quanto compreender as suas potencialidades, o que ele pode despertar em você, trazer à tona... Enfim, sua ação curativa. Se levarmos em consideração que cada pessoa é um ser único no Universo e que traz em si uma bagagem espiritual (com experiências de vida também únicas), iremos perceber o quão rico esse trabalho pode se tornar.

É importante explorar toda a gama de autoconhecimento que os cristais podem proporcionar. Aproveite o seu momento de meditação para investigar quais áreas de sua vida precisam de mais atenção, cura e clareza. Esta é uma das prioridades do trabalho a ser realizado com os cristais: trabalhar o nosso desenvolvimento pessoal, a nossa cura e, consequentemente, a melhoria das situações e pessoas que estão ao nosso redor.

Outra potencialidade que pode ser desenvolvida é a elevação do pensamento para além do nível racional (que pode interferir com seus conceitos predeterminados, paradigmas, crenças, etc.) e a descoberta de novas facetas de si mesmo até então desconhecidas.

Assim, poderemos alcançar esse pleno domínio celestial dentro de nossa própria consciência, onde o silêncio nos mostra o caminho, facilitando, ainda, a conexão com nossa essência divina criadora, que é o nosso ser real.

Essa autodescoberta e sua consequente realização em nossas vidas são passos que precisamos dar com nossas próprias pernas. Ninguém percorrerá esse caminho por nós. Basta, a cada um, a coragem necessária para empreender a jornada de autoconhecimento para a Luz infinita. É preciso manifestar essa Luz que já somos em potencial – e que apenas encontra-se obscurecida pelo nosso esquecimento – para que possamos agir com coerência, por meio de nossos pensamentos, palavras e atos. Não adianta apenas saber, temos de SER!

É para isso que os cristais estão aqui, como amigos do nosso caminhar e instrumentos poderosos para nossa autotransformação e evolução. Que saibamos aproveitar essa maravilhosa oportunidade!

Tudo vai depender de nossa vontade verdadeira e sincera de conhecer a nós mesmos e realizar o bem. Dentro desse propósito, os cristais possuem uma grande missão: a de iluminar o que ainda não é Luz. Clarear e curar, consequentemente. Enfim, revelar a nossa Luz, que jaz adormecida.

Por que não conseguimos brilhar tão nitidamente quanto os cristais? Como seus corpos (formas) possuem tanta harmonia em nível celular?

Olhando para o seu interior, podemos observar (de forma microscópica) lindas mandalas de átomos sincronizados e perfeitamente "encaixados", entre os quais há uma maior passagem de luz, permitindo o seu brilho. Alguns cristais não são tão brilhantes, mas, ainda assim, eles podem manifestar essa mesma harmonia molecular, e, com alguma sensibilidade e treinamento, podemos sentir sua energia.

Com essa ajuda divina dos cristais, nosso grande desafio de autotransformação pode ser facilitado. Cabe a cada um buscar as ferramentas de cura com as quais mais se identifica, sendo que, na verdade, nem precisaríamos de nenhuma delas! Porém, como nos esquecemos do caminho de volta para Casa (nossa consciência divina), usamos "bússolas e mapas" como auxílio para chegar lá (ou melhor, aqui, em nosso interior). Quando finalmente atingirmos o destino almejado e conhecermos o caminho de olhos fechados (como a palma de nossas mãos), poderemos nos desapegar dos instrumentos e passar a ter o domínio de nós mesmos, de nossas próprias criações.

Chegando a esse nível de autoconhecimento, o que será que os cristais irão ainda nos revelar? Talvez aí seja o início – e não o término – da verdadeira caminhada. Durante todo esse tempo, os cristais estariam apenas nos trabalhando para que pudéssemos dar este primeiro passo: o de despertar! Para assim realizarmos plenamente o nosso ser em todos os níveis: espiritual, mental, emocional e físico – como deve ser!

Então, aqui (a partir desse nível de realização), começamos de fato a história da nossa vida. Imaginar que chegamos ao fim da jornada é, na certa, uma ilusão. Você acordou, despertou e atingiu a sua realização. Qual seria, então, o próximo passo? Servir – a Deus, ao mundo, à Unidade da Criação... Servir de exemplo, com a sua maestria, a todos os seus irmãos.

Nesse serviço desinteressado é que começamos verdadeiramente a evoluir. Podemos até imaginar (de forma equivocada) que, nesse estágio, nossa individualidade estará ameaçada – como se fôssemos nos extinguir ou nos fundir a algo que tomará conta de nós e tirará o nosso "poder de decisão". Esse tipo de pensamento é apenas uma preocupação do nosso ego negativo, que aprendeu a se identificar como um personagem apartado da sua origem divina. O ego (a personalidade) em si não é o mal, como também erroneamente podemos pensar. O que nos gera desarmonia é a identificação excessiva com o corpo físico ou com a mente, que são apenas partes do nosso ser.

Ao lidar com a realidade como se ela fosse puramente material, negligenciamos todos os aspectos do nosso ser: o corpo, a mente e o espírito – o todo indivisível. Até a Física Quântica já comprovou que a matéria não existe como a imaginamos. A energia é simplesmente condensada, dando a impressão de solidez. Também desconsideramos a existência de várias dimensões da realidade, em que cada nível tem a sua própria frequência vibratória.

    O que será que fez com que os cristais se manifestassem nesse nível de vibração mais denso, que nos dá a sensação de que tudo é físico? Qual é a finalidade dessa manifestação? Com qual propósito eles foram criados pelos deuses criadores, os construtores da forma (que são aspectos de Deus), afinal?

    Em nossa sociedade ocidental, herdamos o ponto de vista cartesiano e linear, baseado na linha de evolução darwinista. Damos muito valor à ciência, como se ela fosse a verdade última! Na escola, somos direcionados a aprender o que já foi descoberto pelos grandes gênios. Contudo, será que somos ensinados a pensar de forma crítica e a elaborar novas ideias para nossos problemas atuais?

    Aprendemos, em sala de aula, que os cristais estão em uma escala inferior da evolução: o reino mineral está abaixo dos reinos vegetal, animal e, por fim, humano, que é dotado de poder, inteligência (autoconsciência) e capacidade de manifestar a sua divindade. O homem, então, estando no topo da escala evolutiva, não deveria cuidar desses outros reinos, em vez de considerá-los "menores" e descartar por completo a interação com eles? De onde surgiu a ideia de que se deve controlar a Natureza e tudo ao seu redor, em vez de ser um guardião da Terra?

    Não precisamos sair por aí conversando com os animais e as plantas, como fazia São Francisco de Assis. Embora isso seja natural, para algumas pessoas pode soar estranho. Deveríamos apenas abrir a nossa consciência para aprender com a Natureza, indo além do nosso limite de conforto, nos libertando de conceitos e crenças preestabelecidas a que muitas vezes nos apegamos por puro medo do desconhecido.

    Em última instância, esse medo é o de conhecer a Verdade sobre si mesmo, a Realidade, a Divindade...

Dificilmente temos a curiosidade de descobrir algo novo. Crescemos e logo vamos sendo tolhidos e incitados a acreditar que tudo já foi inventado e "solucionado". Por isso, nosso único propósito é somente o de inserir-nos nesse meio já "manipulado", para que possamos desfrutar uma vida digna e confortável: formar uma família, criar os nossos filhos, ter um emprego rentável e seguro, envelhecer, ficar doente e, por fim, morrer. Pensamos, então, ao longo da vida: **Ah, o que há mais para ser criado? Apenas mais máquinas e tecnologias pelas quais temos de trabalhar para pagar?** Esse é o sistema em que vivemos e que aceitamos como a nossa realidade.

Será essa a Realidade Última, Suprema? Qual é o plano de Deus para este mundo? Qual é o desígnio divino para nós, seres humanos? Não somos órfãos... Que possamos ser como o filho pródigo, assim como descrito em uma bela passagem bíblica.

E desta forma, voltar para Casa. Onde Ela está? Em algum lugar distante? Não, apenas dentro de nós, é a nossa própria Realidade Interna. Muitos Mestres realizados nos dão esse ensinamento. Que possamos acolhê-lo em nossa vida e praticá-lo.

Através da meditação com os cristais, podemos receber inúmeros ensinamentos espirituais como esses, por meio da canalização. Nesse processo, é importante anotar as impressões recebidas e deixar para analisá-las depois, para que a mente não interfira com suas dúvidas e questionamentos.

Quanto mais puros e abertos nós estivermos nessa busca, mais poderemos receber a sabedoria dos cristais. A pureza é o norte, o prumo, o equilíbrio. É o que nos dá a direção do caminho certo. Não é uma rigidez ascética, e sim uma pureza de intenção, com o coração limpo e a consciência tranquila, buscando fazer o seu melhor.

Tornai-vos como criancinhas para entrardes no Reino dos Céus. Mestre Jesus

Amém!

Os Cristais curam as doenças?

Os cristais não curam diretamente, mas podem nos ajudar a tratar as causas subjacentes às doenças ou desarmonias geradas.

Sendo criados por Deus, os cristais, assim como nós, são perfeitos em sua essência. A diferença é que eles não se desviaram do seu **dharma** (caminho correto). Dessa forma, podem nos ajudar a expandir o nosso padrão vibratório, aumentando a nossa Luz e a consciência de nós mesmos.

Todo conhecimento acerca dos cristais revelado até hoje é como se fosse a pontinha de um **iceberg**. Acreditar que um cristal serve apenas para "curar" determinada doença é o mesmo que limitá-lo à nossa visão humana. Na Antiguidade, os homens projetavam em Deus suas qualidades e também seus defeitos. Percebiam a Divindade como uma projeção de seu estado mental. Será que, de alguma forma, hoje em dia, nós não fazemos o mesmo em relação aos cristais?

Com certeza, toda informação a que temos acesso sobre os cristais é válida e bastante útil para o nosso aprendizado. Entretanto, todo estudo empreendido até aqui é como uma base para dar um passo além, rumo ao infinito, ao desconhecido em nosso interior...

Vamos descobrir o que ainda não foi revelado! Em vez de consultar mais e mais livros, por que não conseguimos acessar a sabedoria viva, o **livro vivo**, que é o próprio cristal e seu conhecimento armazenado?

Parece que é chegado o tempo da sabedoria (verdadeira e essencial) dos cristais virem à tona. Será que estamos preparados para esse imenso poder e força? Conseguiremos, afinal, passar pelos testes que a civilização atlante não passou?

Devemos ter algumas lições guardadas na alma: não subestimar o poder de um cristal, não temê-lo nem subjugá-lo com indiferença. Devemos tratá-los com respeito e responsabilidade acerca de seus possíveis efeitos; ter sensibilidade e desapego, pois não somos seus "donos"; aprimorar a sabedoria, a humildade e a receptividade, para sempre poder aprender mais; cultivar equilíbrio, bom senso e amor.

Em vez de pensar que está "usando" algum cristal (como se fosse um mero objeto), trabalhe **em conjunto** com ele, respeitando-o como pertencente a um reino sagrado diverso do nosso, porém pleno de saberes.

Lembre-se: Um passo importante para começar a trabalhar com os cristais é ter a consciência de que há muito mais para ser descoberto e que esse aprendizado é infinito! Mesmo quando já se sabe algo, ainda não é o bastante. Desenvolva sua intuição e criatividade, ouça a voz interior e saiba que, quanto mais humilde você for, mais chances terá de aprender diretamente com eles.

A função dos Cristais

Conforme já foi abordado, a função principal dos cristais não é diretamente curar, porém, eles não deixam de cumprir esse objetivo como uma **consequência natural**.

Seu primeiro impulso é iluminar, irradiar Luz! Essa Luz irá reverberar em áreas do nosso ser que estão "obscurecidas", ou seja, em nossas desarmonias energéticas situadas nos corpos físico, emocional ou mental. Assim, é desencadeado todo um processo de cura que é iniciado no nível sutil, em que a Luz dos cristais interage com as frequências vibratórias do nosso campo áurico e de nossos corpos energéticos.

Tais desequilíbrios são causados pela nossa falta de sintonia com a alma (o Eu Superior). Pensamentos e sentimentos inferiores – derivados de uma raiz básica: o medo, o oposto do amor – acabam afligindo a nossa mente e dão origem a emoções negativas, como orgulho, raiva, ódio, ciúmes, inveja etc. Essas emoções chegam ao corpo etérico (onde estão localizados os chakras – os nossos centros de energia vital), gerando os bloqueios por excesso ou falta de energia. Por fim, acabam se manifestando em nosso corpo físico, deteriorando a nossa saúde em geral.

De forma clara e sucinta, as perguntas a seguir foram elaboradas e respondidas em momentos de inspiração, meditando com os cristais:

Afinal, os cristais curam o corpo físico?

Sim, mas agem sobre a causa das doenças, ou seja, tratam a origem da desarmonia gerada em outros corpos (**conforme já mencionado no texto**), chegando, por fim, ao corpo físico.

Pode-se dizer, então, que um cristal cura, por exemplo, uma dor de cabeça?

Sim e não. O cristal vai reequilibrar as energias, podendo aliviar o sintoma da dor e, ao mesmo tempo, ainda agir na causa da desarmonia gerada. Ele também atua a partir de um nível de unidade, em que não existe a dualidade como a conhecemos (**cura x doença**), apenas a Luz. Dessa perspectiva, não há o que ser curado. Porém, como ainda não alcançamos esse nível de realização em nossas vidas, ele nos ajuda a "curar" dentro deste plano dual.

Para que servem os elixires de cristal[1]?

Para gerar determinadas frequências energéticas que vão vibrar (ressoar) em nosso sistema límbico, responsável pelas nossas emoções e comportamentos sociais. Essa energia irá nos ajudar a entrar em contato com nossos arquivos (códigos armazenados) – a forma como respondemos a determinadas situações. Assim, atraímos experiências para trazer à tona esse material oculto, guardado ou reprimido.

Será que os cristais estão realmente interessados em curar nossas doenças?

O que é uma doença? Uma ilusão gerada na mente, na qual existe a dualidade. O cristal desconhece o reino mental como nós o conhecemos. Ele é um ser uno, em unidade com a vida e a Criação. Para Deus, só existe uma Mente – a Sua, que criou toda a vida e tudo

---

[1] Elixires são como "remédios" energéticos, preparados a partir da exposição do cristal à água e ao Sol, em um processo semelhante ao dos compostos florais. É preciso cuidado em sua realização, pois muitos minerais são tóxicos e não podem ser expostos à água de forma direta.

que existe.

O cristal é consciente de si mesmo?

Não como nós concebemos esse processo. Ele não possui um ego (personalidade). Muito do que projetamos de negativo em determinado cristal é um reflexo do nosso próprio ser.

Então o cristal não tem uma consciência individual? Ele possui uma consciência grupal?

Ele possui a Consciência de Deus: onipotente, onipresente e onisciente, assim como você e eu. Mas você reconhece isso?

Que importa saber sobre a consciência do cristal? É um erro querer classificar tudo! Afirme com convicção: **eu não sei nada!** Pronto! Você é um sábio e já pode ensinar!

Esta última pergunta me faz pensar que nem sempre os cristais respondem a todas as nossas dúvidas. Muitas vezes, queremos ir além, descobrir mais, mas as respostas cessam, ficando em nosso silêncio. Na verdade, nem sempre estamos prontos para receber todas as respostas... Por isso, cabe a cada um dar o seu próximo passo, para se tornar merecedor delas.

O dharma dos Cristais

Cada cristal possui um **dharma**. Mas o que isso significa?

Dharma é uma palavra em sânscrito que não possui uma tradução literal na língua portuguesa. No entanto, pode ser entendida como um conceito que significa o caminho correto, a função natural, o papel de determinado elemento dentro do "quebra-cabeça" cósmico. Por exemplo, o **dharma** do fogo é ser quente e queimar; o do açúcar é ser doce; o do sal, salgado; e o do gelo, ser frio.

Todo ser possui um **dharma**, que também é conhecido como a lei de sustentação, uma espécie de "fio condutor" de tudo que existe. O **dharma** do Sol é iluminar, nascendo e se pondo a cada dia. Tudo, enfim, na Natureza possui sua própria lei e ritmo sincrônico.

O **dharma** dos cristais é, portanto, iluminar, irradiar Luz, e cada um deles atua de uma forma específica.

O ser humano é o único ser vivo que se afastou do seu **dharma**, que é o de elevar-se ao seu ser divino, revelar sua divindade enquanto encarnado e libertar-se de suas tendências animais. Evoluir e crescer na Luz, ser feliz servindo a Deus e aos seus irmãos e irmãs.

Justamente por esquecer nossa natureza divina é que padecemos em infelicidade e sofrimento, gerando desarmonia à nossa volta. Em geral, não sabemos como conviver pacificamente com outras espécies neste planeta, que é de todos – não apenas nosso, dos seres humanos.

Precisamos aprender a nos reconectar com nossa verdadeira essência e, por meio do autoconhecimento gerado pelo efeito dos cristais, voltar a vivenciar o **dharma** que temos de cumprir nesta vida, pois esse conceito também pode ser entendido como uma missão, aquilo que a alma se comprometeu a realizar na Terra antes do seu nascimento.

Além desse trabalho, que é individual, todos nós temos também o **dharma** coletivo – enquanto espécie humana, provida de autoconsciência e sabedoria – de atingirmos a iluminação: nossa revelação espiritual de que somos partes de Deus, somos seres divinos em comunhão com o Pai e a Mãe divinos. Nunca saímos de Casa (nossa consciência divina), apenas nos esquecemos disso.

Eis uma história que ilustra bem essa questão:

Era uma vez uma velha senhora que procurava por alguma coisa no meio da noite. Ela estava debaixo da lâmpada de um poste da rua procurando por algo na calçada, na rua, na lata de lixo e por todos os cantos sob a luz do poste, mas não conseguiu achar aquilo que procurava.

Um grupo de jovens se aproximava caminhando, e um deles perguntou à velha senhora: "Tia! O que a senhora está procurando? Podemos ajudá-la?" A velha senhora respondeu: "Eu estou procurando uma agulha de costura. Eu a perdi! Por favor, ajudem-me a encontrá-la!"

Todos os jovens ajudaram a velha senhora a procurar pela agulha de costura, mas não a acharam. Então, um deles perguntou à velha senhora: "Tia, por favor, diga-nos onde a senhora deixou cair a agulha, pois assim saberemos por onde começar".

A velha senhora respondeu: "Eu estava costurando roupas no meu quarto e deixei a agulha cair. Meu quarto é muito escuro e não

posso ver claramente. Aqui há muita luz e eu posso ver claramente, por isso a estou procurando por aqui". Quando os jovens escutaram isso, riram e disseram à velha senhora: "Tia, a senhora tem de procurar pela agulha onde a senhora a perdeu. A senhora não vai achá-la em nenhum outro lugar". (Os Cinco Valores Humanos e a Excelência Humana, de Dr. Art-ong Jumsai)

Da mesma forma, encontraremos a nossa conexão divina, que nos trará a paz e o equilíbrio que buscamos exteriormente, apenas dentro de nós, onde ela sempre esteve.

Há também outras formas de cumprir o nosso **dharma**; dentro de nossos papéis sociais, sendo um bom pai, mãe, filho(a), esposo(a), chefe ou empregado(a). Enfim, realizando de forma digna o seu trabalho, cumprindo o seu dever (a sua responsabilidade).

Em tudo há uma lei, que é a da harmonia e perfeição. Cumprir essa lei é agir de acordo com o **dharma**. Essa lei não nos é imposta de fora, por alguém, pela vida ou por Deus; é o código de conduta universal para o bem viver. Em praticamente todas as escrituras sagradas (nas suas diversas línguas) e também em códigos morais e sociais, há a promoção desse entendimento.

O **dharma** de cada cristal é também único. Há cristais com a capacidade de absorver, repelir, transmutar a energia, expandir, revelar o que está oculto... Cada um possui a sua sabedoria, o seu "código" a ser revelado.

Sabemos, pelo estudo da Cromoterapia, que as cores dos cristais também possuem energia curativa, além de suas funções terapêuticas, que atuam em questões como: perdão, amor, paz, fé, verdade, concentração, equilíbrio, iluminação, clareza etc.

Há uma aura de misticismo que envolve os cristais, como se todo esse estudo fosse apenas "esotérico", sem fundamento ou coisa de gente **hippie**. Isso acontece apenas porque ainda não houve um interesse sério do meio acadêmico em realizar pesquisas científicas com os cristais para fins terapêuticos, pois, do ponto de vista tecnológico, já é comprovada e utilizada sua energia para diversos fins, como, por exemplo, em relógios, **chips** de computador, **lasers** etc.

Ainda há de ser realizado um estudo com pessoas comprometidas com a verdadeira ciência, que irão considerar o ser humano e a vida em seu aspecto global, percebendo e comprovando a eficácia dos cristais e seus efeitos curativos na prática, da mesma forma que qualquer pessoa que queira experimentar a cura com os cristais pode sentir e beneficiar-se de seus efeitos. Para isso, não é preciso acreditar ou ter fé; basta apenas estar receptivo e deixar os cristais atuarem, ou seja, cumprirem o seu papel.

Cada cristal realiza sua função com distinção e diligência. Nenhum deles perdeu o seu contato com a Fonte. Seus "arquivos/códigos" com os quais foram criados ainda estão lá, em seu interior. Essa é a sua essência, a sua sabedoria, o seu **dharma**.

Como diz a sabedoria oriental: **Não adianta entrar no mar com a água até os tornozelos e negar que exista um oceano imenso.** É preciso mergulhar! É preciso querer descobrir mais; permitir que nos ajudem a cumprir o nosso **dharma** com perfeição e harmonia.

Vivemos aqui na Terra para nos curar e sermos felizes. Que cada um encontre a sua chave e a vire em direção ao Um – ao Deus único (independentemente dos Seus diferentes nomes e formas), nossa Consciência Divina. Que todos os seres se voltem para a Luz, para a sua própria Criação Original, e lembrem-se do porquê de estarem aqui, quem são, de onde vêm e para onde vão – perguntas clássicas para as quais já deveríamos ter as respostas na ponta da língua a esta altura...

Você já as respondeu para si mesmo?

Então, o que está esperando? Vamos lá! Há um grande caminho ainda a ser percorrido. Comece com o primeiro passo.

Uma caminhada de mil passos começa com o primeiro passo.
Lao Tsé

Reflexões

Algumas reflexões podem ir surgindo espontaneamente quando o estudo com os cristais vai se aprofundando. Uma delas, por exemplo, é comum a muitas pessoas: será que todos os cristais de uma mesma espécie são iguais em suas funções terapêuticas? Se eles refletem e trazem à tona memórias, lembranças e **insights** do nosso próprio ser, como podemos classificar esse material como o "efeito" de determinado cristal? Afinal, ele é o efeito ou a causa?

Outro exemplo, para esclarecer melhor esse pensamento: se um Ônix me trouxe um prenúncio de uma fase futura, posso classificá-lo como um cristal que "dá previsões"? Ou que expande a consciência? Como discernir o que é a minha experiência revelada pelo cristal do que é o seu conhecimento direto? Como distinguir esses fatores sem ser iludido pela mente?

Outra questão que levanta dúvidas: se uma Ametista serve para o desapego, será que todas as Ametistas servem para esse propósito? Qual foi a primeira pessoa a perceber isso? Será que é uma percepção em cadeia ou uma projeção? E se uma pessoa já for desapegada, esse cristal revelará qual outro aspecto do seu ser?

Não há respostas prontas para essas perguntas. São apenas ideias para que comecemos a pensar a respeito e sintamos vontade de buscar mais, ir além do já conhecido, atiçar a nossa curiosidade...

Algumas outras perguntas que surgiram espontaneamente:

Um cristal seria como uma flor? Não, são reinos distintos: mineral e vegetal.

É verdade que o ser humano não processa os elixires? Não, os elixires funcionam e têm um efeito positivo no organismo. Porém, devem ser usados com cautela, pois alguns minerais são tóxicos e precisam de certo cuidado e estudo para a sua preparação.

E, assim, sempre surgirão novas reflexões pelo caminho. Que tenhamos sempre a humildade de uma criança para descobrir o Novo, aquilo que ainda não sabemos. Somente por meio da receptividade é que podemos aprender, pois não se pode encher uma xícara que já está cheia...

Textos inspirados

Os cristais são seres mágicos que detêm o conhecimento de muitas eras. Na Atlântida e na Lemúria, eles fizeram parte da civilização como instrumentos de cura e poder, condutores de energia e Luz. Os xamãs indígenas também já conheciam seu imenso poder de cura e utilizavam os cristais em seus rituais de magia.

Cada cristal contém em si um código a ser revelado. Ele não é apenas uma pedra bruta, inanimada, é algo mais... Possui o incrível dom de captar as energias do ambiente e transformá-las, irradiando Luz ao seu redor. Os cristais são, portanto, excelentes transmutadores, podendo ser utilizados com grande êxito na elevação da frequência energética de uma pessoa ou local.

O manuseio dos cristais exige tato e sensibilidade. A textura, o peso, o molde, a forma e a cor dizem muito a seu respeito. Porém, como nem tudo são aparências (e elas, inclusive, enganam!), devemos nos orientar pela energia do cristal, e não por aquilo que nossos olhos físicos enxergam.

Você pode aprender a estabelecer um contato telepático com o cristal e sentir o que ele quer lhe transmitir. Transferindo uma parte de nossa consciência para dentro do cristal, com sensibilidade, podemos perceber se um cristal deseja ficar na terra, no Sol, ser limpo etc.

Às vezes, o cristal já cumpriu o seu aprendizado conosco, e é preciso deixar que ele se vá, com desapego. Podemos olhar para ele e, de repente, lembrar de uma pessoa. Isso significa que o seu cristal quer ir trabalhar com ela agora.

Um cristal nunca é "nosso", ele é da Natureza; é um ser vivo e livre. Um dos maiores aprendizados que podemos ter com os cristais é estabelecer essa relação de liberdade e confiança, permitindo que ele flua para onde deve ir.

Muitas vezes, um cristal misteriosamente desaparece, mesmo guardado "a sete chaves" dentro de nossa gaveta! Sim, eles fazem isso. E podem também crescer ou se quebrar sem razão aparente.

Quando ocorrer uma quebra, você pode meditar com o cristal e perguntar a ele o que deve ser feito. Ele pode ter transmutado alguma energia negativa e gostaria de ser "devolvido" à Natureza, pois já cumpriu sua função. Ou pode ter se quebrado propositalmente para determinado uso ou até mesmo para ser doado a alguém.

Em caso de dúvida, siga sempre sua intuição!

Em geral, os cristais ajudam a pessoa a se identificar com o seu nível espiritual (intuitivo), auxiliando na cura e compreensão dos níveis inferiores – mental, emocional e físico –, mostrando a correção necessária nesses níveis. Enfatizo: **mostrando**, pois a mudança terá de partir da sua ATITUDE.

Os cristais não fazem mágica, apenas dão a condição e a oportunidade para nos olharmos mais claramente. São excelentes instrumentos e professores de autoconhecimento. Basta ter a coragem de olhar para si e querer se conhecer.

Busque a Verdade e elas vos será revelada.
Mestre Jesus

Os cristais surgiram no planeta antes mesmo da chegada do ser humano. São seres sagrados que estão na Terra para manter a frequência original do planeta, a mesma de quando ele foi criado.

Cada ser cristalino traz em si uma essência de cura, sua assinatura, por assim dizer. Depende de cada um buscar a sua cura interna, e, nisso, os cristais são nossos aliados, nossos amigos da Natureza, prontos para nos ajudar a evoluir e transcender todo erro e autoengano.

Onde há claridade, as trevas não podem habitar – é o ensinamento básico dos cristais. Estar claro para si mesmo, consciente do seu ser, é a tarefa que esses mestres nos trazem, com sua infinita sabedoria, amor, Luz e poder.

Alguns ensinamentos que os cristais proporcionam:
- Manter a frequência elevada;
- Unidade entre matéria e espírito;
- Levar Luz onde há escuridão (bloqueio energético);
- Conexão com o reino dévico, seres elementais da Natureza.

A linguagem dos cristais é silenciosa. Basta ter um coração sincero e pureza de sentimento para saber ouvir. Abrir o coração sem pretensão ou expectativa.

Amar-se é consequência de conhecer-se.

Quem sou eu? A Luz ou as trevas?

Sou o inconsciente, o espírito, a mente ou o corpo físico?

Não sou nem um, nem outro. Sou todos e nenhum ao mesmo tempo. Sou o Um que me criou, do qual emanei (do meu próprio Ser, desdobrei-me), e busco lembrar-me dessa conexão perdida, desse "elo perdido".

O Santo Graal da minha consciência pura, santa e imaculada, tal como Deus é!

Algumas outras questões sobre os Cristais

Ainda dentro dos questionamentos abordados, vamos aprofundar mais algumas questões.

Suponha que um cristal como a Ametista me trouxe à tona o "medo do escuro" que eu tinha quando criança. Então, definirei que ela "trabalha com medos" ou "traz à tona bloqueios da infância", e, assim, julgaremos que todas as Ametistas cumprem essa função.

Mas e se, em vez disso, ela trabalhasse comigo essa questão e, com outra pessoa que não tivesse tal medo ou bloqueio, trabalhasse algo totalmente diferente, como o "aumento da concentração"? Sendo assim, com cada pessoa, ela trabalharia de acordo com sua bagagem existencial, ou seja, aquilo que a pessoa traz e manifesta em seu ser.

Por ser um Quartzo, o efeito de uma Ametista, que é o de transmutar, purificar e irradiar energia curativa, é o mesmo em todas elas. Por isso, mais do que saber para que serve cada cristal, o importante é conhecer a sua energia (como se fosse a sua "nota musical"), pois, nisso, todos eles são iguais.

Conhecer o efeito de cada cristal: isso é o importante! Decorar ou entender intelectualmente suas funções terapêuticas é secundário, não é essencial para se trabalhar com cristais. Assim como a música, só poderemos entender os cristais assimilando e compreendendo a sua energia, e não somente lendo as "partituras". Além disso, deve-se ter sempre reverência, humildade, pureza de intenção e respeito por esses seres divinos como pré-requisitos básicos para o aprendizado.

Um professor de Cristaloterapia deve ser apenas um intermediador/tradutor, ensinando como canalizar a Luz, força e energia cristalina. Aprender diretamente com os cristais é um dom que pode ser desenvolvido. Não é preciso ter nascido sábio ou com alguma mediunidade. Bastam os pré-requisitos básicos e também um pouco de treino, perseverança e dedicação. Saber ouvir o inaudível, com paciência e alguma persistência.

Eis uma história a esse respeito:

Os Sons da Floresta[2]

No século III d.C., um rei mandou seu filho, o Príncipe T'ai, ir estudar no templo com o grande Mestre Pan Ku. O objetivo era preparar o Príncipe, que iria suceder ao pai no trono, para ser um grande administrador. Quando o Príncipe chegou ao templo, o Mestre logo o mandou sozinho à floresta. Ele deveria voltar um ano depois, com a tarefa de descrever os sons da floresta.

Passado o prazo, o Príncipe retornou, e o Mestre lhe pediu para descrever os sons de tudo aquilo que tinha conseguido ouvir.

"Mestre", disse o Príncipe, "pude ouvir o canto dos pássaros, o roçar das folhas, o alvoroço dos beija-flores, a brisa batendo suavemente na grama, o zumbido das abelhas e o barulho do vento cortando os céus".

Quando o Príncipe terminou, o Mestre mandou-o de volta à floresta para ouvir tudo mais que fosse possível. O Príncipe ficou intrigado com a ordem do Mestre. Ele já não tinha distinguido cada som da floresta?

---

[2] As mais belas histórias budistas e outras histórias, extraído de site da Internet.

Por longos dias e noites, o Príncipe se sentou sozinho na floresta, ouvindo, ouvindo... Mas não conseguiu distinguir nada de novo, além daqueles sons já mencionados ao Mestre. Então, certa manhã, sentado entre as árvores da floresta, começou a discernir sons vagos, diferentes de tudo que ouvira antes. Quanto mais atenção prestava, mais claros os sons se tornavam. Uma sensação de encantamento tomou conta do rapaz. "Esses devem ser os sons que o Mestre queria que eu ouvisse", pensou. Sem pressa, o Príncipe passou horas ali, ouvindo e ouvindo, pacientemente. Queria ter a certeza de que estava no caminho certo.

Quando o Príncipe retornou ao templo, o Mestre lhe perguntou o que mais ele tinha conseguido ouvir. "Mestre", respondeu reverentemente o Príncipe, "quando prestei mais atenção, pude ouvir o inaudível: o som das flores se abrindo, do Sol aquecendo a terra e da grama bebendo o orvalho da manhã". O Mestre acenou com a cabeça em sinal de aprovação. "Ouvir o inaudível é ter a disciplina necessária para se tornar um grande administrador. Apenas quando aprende a ouvir o coração das pessoas, seus sentimentos mudos, os medos não confessados e as queixas silenciosas e reprimidas, um administrador pode inspirar confiança a seus comandados, entender o que está errado e atender as reais necessidades dos liderados. A morte de uma empresa começa quando os líderes ouvem apenas as palavras pronunciadas pela boca, sem mergulhar a fundo na alma das pessoas para ouvir seus sentimentos, desejos e opiniões reais".

Saber ouvir a sabedoria dos cristais é uma capacidade de acessar a própria sabedoria interna, pois eles se expressam a partir de sua consciência. É dentro de você que acontece o processo. Primeiro, é preciso aceitar e acreditar. Em seguida, praticar, e, por último, agradecer. Ter gratidão por todo o conhecimento recebido/revelado é uma dádiva que deve ser realmente sentida de coração.

Saber apreciar o encantado. Saber ouvir e aprender.

Conhecendo a energia dos Cristais

Conforme já foi descrito, mais do que saber para que serve determinado cristal, o melhor é conhecer a sua energia e o efeito proporcionado por ele. Dessa forma, você vai poder perceber a energia da pessoa a ser tratada e descobrir de qual energia ela precisa para reequilibrar a desarmonia gerada.

Caso uma pessoa esteja com dor de cabeça, por exemplo, os motivos que estão "por trás" disso podem ser os mais diversos. Então, em vez de procurar nos meus livros de cristais qual é o cristal da dor de cabeça, posso buscar sentir qual tipo de energia a pessoa precisa para amenizar e equilibrar essa desarmonia, dissipar a dor, removê-la.

Não há uma fórmula mágica. Permita que a sua sabedoria se aproprie do processo, jamais usando os cristais como meras "bulas de remédio". Com tempo e treinamento, é perfeitamente possível adquirir tal sensibilidade. Por isso, conheça a sua energia, use-a em si mesmo, saiba se aquele cristal irá absorver, suavizar, relaxar ou, ao contrário, ativar... Isso é que é importante!

Lembre-se também das cores e formas dos cristais – isso diz muito sobre eles.

Se um cristal é estriado (possui aqueles "riscos" ao longo do corpo, como as Turmalinas), a energia é conduzida de uma área a outra, desobstruindo, dessa forma, um chakra ou energia estagnada em determinado local. As estrias, por serem condutoras de energia, facilitam o desbloqueio energético em qualquer região. São pedras que possuem alta frequência, pois a energia passa muito rápido por elas (imaginem uma pista de Fórmula 1). Por isso, elas não absorvem, apenas repelem a energia.

Existem os cristais que já absorvem energia, como a Malaquita, e, portanto, precisam ser bem limpos ao final do tratamento. Se possível, é recomendado deixá-los um tempo maior em descanso e guardá-los junto de outros cristais, como o Quartzo Branco ou a Selenita, para mantê-los mais energizados.

Há rochas que refletem (como a Obsidiana), outros que atuam no subconsciente, purificando-o (como o Quartzo Fumê), alguns que transmutam (como a Ametista), que filtram as toxinas (como o Jaspe)... Conhecendo cada tipo de energia, saberemos exatamente qual cristal usar para determinada pessoa.

Vejamos o caso da depressão: a pessoa pode ter inúmeros motivos para estar deprimida, e existem vários cristais indicados para o tratamento. Como posso saber, então, qual é o melhor cristal para esse caso? Em primeiro lugar, podemos analisar qual tipo de cor ela precisa: será um preto, de proteção, para drenar as energias negativas, como a Turmalina Negra? A pessoa emite uma energia desancorada no 1º chakra e possui baixa vitalidade? Então, ataco de vermelho, com a Granada! Ou ela parece meio apática, abatida, sem alegria? Nesse caso, vai um amarelo-sol; Citrino!

Entendeu?

É mais fácil sentir a pessoa do que decorar "fórmulas mágicas" sobre os cristais. Bem mais simples do que se imagina...

Será que o Cristal é assim?
Ou será que sou eu que sou assim?

Muitas das informações que recebemos dos efeitos terapêuticos dos cristais são canalizadas. Mas o que isso significa?

O processo de canalização é uma forma intuitiva de receber mensagens, seja de um espírito, da sua própria alma ou, no caso, dos cristais.

O que muitas pessoas desconhecem é que todo processo de canalização inevitavelmente passa pelos "filtros mentais" de quem está canalizando. Por mais que a pessoa tente se manter neutra, de alguma forma ela acaba interferindo por meio de suas experiências de vida.

Muitos autores já abordaram esse tema em seus livros, inclusive naqueles de temática espírita. Para o leitor que tiver interesse no assunto, sugiro como leitura complementar os livros do Dr. Joshua David Stone, em especial, *Psicologia da Alma*.

Então, o que recebemos por canalização não é 100% espiritual e puro – no sentido de não possuir nenhuma interferência da mente. Isso acontece porque esse é um processo que naturalmente passa pela mente subsconsciente do canalizador e, portanto, por todos os seus filtros mentais, crenças pessoais, processos kármicos, visões distorcidas, lentes limitadas e pela "bagagem" da própria pessoa. Sendo assim, como posso saber se o que recebo dos cristais não são minhas próprias experiências transferidas para o papel, minhas próprias impressões de vida e realidade?

Seria o cristal uma espécie de "entidade" – como certa vez sugeriu um colega meu?

O cristal, não tendo uma mente, não possui uma personalidade própria – o que excluiria essa suposição. No entanto, eles possuem uma "assinatura" própria, como um código a ser revelado – o que é bem diferente –, que foi gerado em sua própria criação por Deus por meio dos Devas, que são os seres construtores que manifestam a forma física.

Nós, como seres humanos, também possuímos esse dom de cocriação, embora desconheçamos todo o nosso potencial latente. Criamos a todo o momento com nossos pensamentos, nossos sentimentos e, por fim, nossas ações, que constroem nosso caráter. Nosso destino é moldado por aquilo que pensamos consciente e, principalmente, inconscientemente. O nosso karma (colheita) funciona como "arquivos de repetição", lições não aprendidas, que ficam armazenadas em nossa mente subsconsciente (ou no corpo causal).

Por fim, quando todo esse material é compreendido e iluminado pelo processo de autoconhecimento profundo, alcançamos a libertação, que nada mais é do que a iluminação da nossa mente. Assumir esse compromisso consigo mesmo é a principal razão de estarmos encarnados aqui e agora. Nossa principal tarefa é a de nos iluminarmos, nos libertarmos da escravidão do corpo aos sentidos, enfim, acordar! Enquanto não nos libertamos, estamos apenas dormindo e sonhando um sonho que pode ser bom ou ruim (por vezes, até um pesadelo!).

Há quantas vidas estamos repetindo o mesmo filme? Os mesmos hábitos? Os mesmos pensamentos e sentimentos ilusórios que não nos levam a lugar nenhum a não ser a mais sofrimento? Tudo no plano divino conspira para nossa evolução, para que consigamos "vencer o jogo" e nos tornar conscientes de nós mesmos. Libertar-se não quer dizer virar santo, asceta e viver como um eremita na floresta ou em um monastério, não! É viver na cidade ou no campo, é viver a vida que você já vive, apenas com mais consciência.

Cumprir a sua missão mais consciente de si mesmo e realizar o seu ser (em todos os níveis: físico, emocional, mental e espiritual) já é a bem-aventurança que procuramos desesperadamente no mundo exterior. Todo o tesouro está dentro de nós, em nossas consciências. O autoconhecimento é o caminho, a chave...

Os cristais nos ajudam nesse processo de autoconhecimento, purificando nossa mente e nos ajudando a nos perceber melhor. Não devemos ser gratos à Vida e a Deus, por ter criado seres tão divinos e especiais que há eras vêm nos auxiliando nesse trabalho de despertar?

Os Cristais favorecem a Luz ou combatem as sombras?

Tudo aqui neste plano dual é composto de duas direções diametralmente opostas: o bem e o mal, o certo e o errado, a Luz e a sombra... Porém, em um nível acima dessa dualidade, há a Unidade, o Ser Único: Deus.

Como explicar isso na prática?

Vivemos em um mundo físico permeado por dimensões superiores, que são os níveis astral, mental e espiritual. Enquanto o plano dual existe apenas até o nível mental, a partir do nível espiritual, só existe o Um – o começo, o meio e o fim, sem separações.

No nível espiritual, todas as mentes estão interconectadas. Poder-se-ia, então, dizer que só há uma Mente – o Espírito, que criou tudo e É, através de todas as formas e nomes...

Nesse sentido, o cristal não combate o "mal", pois, sendo criado a partir do nível espiritual, desconhece a dualidade. Porém, quando ele atravessa os níveis mental e astral e chega à dimensão física, de alguma forma ele interage com essa "escuridão" ou negatividade criada pela dualidade.

O que é real? O nível mental é um nível de criação em que existe a lei do livre-arbítrio. Há a possibilidade de se caminhar para a Luz ou para a sombra, para o bem ou para o mal; são as escolhas dos nossos pensamentos que moldam nosso destino e caráter, com base na unidade de pensamento, palavra e ação.

A harmonia do cristal está justamente aí. Ele vibra simultaneamente sua mesma "ideia original" em todos os níveis do nosso ser, ensinando-nos a agir de modo semelhante. É um exemplo para nós de como ser a Luz manifestada na matéria. Com os cristais, podemos aprender como permanecer íntegros e fiéis à Unidade, em todas as situações para as quais nos for exigida a maestria do ser.

O cristal não possui um *ego* como nós o conhecemos. Sendo assim, ele é puro. O que encontrarmos de negativo em um cristal será, portanto, apenas reflexo dos nossos próprios pensamentos e sentimentos projetados e expandidos nele, a fim de nos auxiliar em nosso trabalho de autoaperfeiçoamento.

Não há um fim, apenas um caminho infinito para a realização de si mesmo. Na busca desse ser completo, pleno, com todas as suas potencialidades divinas manifestadas é que nascemos sucessivas vezes até aprendermos bem a lição.

Os cristais, assim como as plantas e os animais, são nossos aliados nesta jornada. Tudo converge ao Um para o retorno a si mesmo, para a plenitude final, a bem-aventurança eterna que nós já somos, mas ainda não aprendemos a manifestar e a manter enquanto despertos. Às vezes, temos breves lampejos, e é desses pequenos sinais de graça divina que nos alimentamos para seguir em frente, sabendo que estamos no caminho correto.

A lição última

A lição última do cristal é: brilhe a sua Luz! Seja quem você é de verdade: a Luz, o Poder, o Amor, a própria presença divina manifestada em forma humana! O cristal é seu amigo para lhe conduzir nesta jornada de autorreconhecimento de sua própria essência luminosa. Eu já sou a Luz, não posso temer o meu poder nem negar quem eu sou (a minha divindade). Se Deus preenche todo o Universo, quem sou eu, senão o próprio Deus? Não sou o Deus total, absoluto, mas estou imerso em Deus, vivo em Deus, sou a centelha divina do Criador.

A sabedoria dos cristais consiste em acessar a nossa própria sabedoria perdida (esquecida) dentro de nós. Ela não se aprende só em livros, e ninguém pode ensiná-la... Só pode ser acessada em seu interior, onde há o reconhecimento da Verdade Eterna do Ser, que é Consciência e Bem-aventurança.

Essa sabedoria é acessada a partir do seu próprio coração, do seu esforço e entusiasmo para colocá-la em prática no dia a dia. Ela apenas se tornará real quando for vivenciada em todos os níveis do nosso ser. Começa como uma revelação espiritual. Depois se torna um pensamento a ser semeado, que gera um sentimento acolhido e, por fim, uma ação física.

A vida no plano físico é tão importante quanto a vida espiritual. Há certos aprendizados para a alma que só podem ser vivenciados aqui, na forma terrena.

O caminho do espírito em direção à terra não foi uma queda em si, mas um desdobramento de sua própria consciência para experimentar a si mesmo em um plano mais denso, apenas uma dimensão diferente, onde tudo acontece mais devagar e que dá a sensação de ser física, quando, na verdade, já sabemos, pela Física Quântica, que todo espaço é vazio e permeado por energia condensada.

Não há nada "sólido" na realidade. Porém, não podemos ver isso devido à limitação de nossos olhos. Por isso, o corpo nada tem de errado. O erro está no apego ao corpo, na crença errônea de que somos apenas o corpo, esquecendo que somos espíritos habitando o corpo. Sendo assim, tudo que fazemos é, ao mesmo tempo, espiritual e material, não há como separar ou dividir, pois a todo tempo estamos aqui em ambos os "papéis".

E sobre os cristais? Será que eles são apenas aquele aspecto físico luminoso que conhecemos? Ou será que há espíritos os habitando? Há tradições indígenas que acreditam nisso. Há também livros espiritualistas que falam sobre os seres elementais que habitam os cristais.

Enfim, o cristal é Luz, é uma consciência corporificada, assim como nós. Eles não possuem uma personalidade ou um falso eu, apenas são, como Deus É! E nós também somos! Ou estamos aprendendo a Ser...

Quem sou eu?
Quem sou eu?
Quem sou eu?
Eu Sou,
Eu Sou,
Eu Sou...
E tudo É!

P.S.: "O pulo do gato"

No momento da meditação com o cristal, transfira uma parte da sua consciência para dentro dele. Para isso, basta apenas a intenção, ou também, pode-se visualizar um fio de luz saindo da sua testa, entrando dentro do cristal. Quando sentir a conexão, imagine-se vendo através do cristal, como se você estivesse realmente dentro dele, vendo-o de "dentro para fora".

Para facilitar essa visualização, antes da meditação, concentre-se bastante em olhar o cristal e perceber suas nuances, sua textura, sua cor, seu brilho... Assim, no momento em que imaginar, terá mais facilidade. Se você não for bom com visualizações, apenas saiba que isso está acontecendo pela força da sua intenção. Pois, assim como você acredita, assim é! A sua intenção guia a energia, lembre-se disso!

Uma nota: inicie respeitosamente, pedindo autorização para o cristal trabalhar junto com você, com humildade. Sinta-se pedindo permissão para entrar em seu interior, assim como você visita a casa de alguém. Tenha educação e zelo para com esses seres divinos que têm a nobre missão de nos ensinar sobre nós mesmos, a fim de que possamos voltar mais cedo para Casa (de onde nunca saímos, mas, em nossa vã loucura, acreditamos que sim). Como nos ensina um trecho do livro *Um Curso em Milagres*, de Helen Shucman e William Thetford: *Nada do que é real pode ser ameaçado. Nada do que é irreal existe. Nisto repousa a Paz de Deus.*

Ativando o seu Cristal interno
Uma meditação especial

Caminhe para dentro do seu coração. Lá, você encontra uma gruta cristalina com muitos cristais de Quartzo Rosa, Ametista, Lápis-Lazúli... Todos os tipos de cristais que você puder imaginar, de todas as cores e tamanhos, de várias formas diferentes. Cada um deles é único e especial. Cada um pode lhe ensinar algo sobre si mesmo.

Vá caminhando devagar, respirando calmamente e observando o brilho e a irradiação desses seres luminosos. Há um deles esperando por você...

Você vai caminhando até o interior da gruta, no local mais profundo... Lá, você encontra uma formação rochosa que lembra um altar.

Esse é o local sagrado da gruta, onde habita o Guardião desse lugar abençoado. Você senta e espera a Sua chegada. Respirando, aguardando em silêncio, no vazio da sua mente, em quietude e paz... Até que, enfim, Ele chega. O Guardião da Gruta caminha em sua direção e lhe diz algo. Ouça atentamente o que Ele tem a lhe dizer... (pausa).

Agora Ele toca suavemente seu coração e, de sua mão, saem feixes luminosos, que se irradiam por todo o seu chakra cardíaco, sua glândula timo, bem no centro do peito. Uma luz vem em sua direção, como um raio *laser*, e entra profundamente em seu coração. Esse bálsamo de energia lhe traz a clareza e a lucidez de quem é você e do que você veio aprender. Essa é a sua missão.

Você sente profundamente em seu interior o chamado divino para assumir o seu ser real: este é você! Pura Luz, essência cristalina com um propósito divino a cumprir na Escola Terra.

Você agradece, com gratidão e respeito, a esse Venerado Ser por toda a sabedoria revelada, e se compromete, a partir desse centro de Verdade e Amor, a realizar a Vontade Divina do seu próprio ser real.

O Guardião se despede, oferecendo-lhe uma última dádiva: um pequeno cristal da gruta iluminada, para que você possa voltar ao mundo se lembrando de quem você é e do porquê de estar aqui.

Você aceita o cristal e leva-o ao seu coração, irradiando todo o seu Amor e Paz. Agora, você o leva ao 3º olho (meio da testa) e mentaliza tudo aquilo que você recebeu. Se você não conseguiu receber nada, tudo bem, guarde o cristal com amor, pois você pode ter percebido algo em outros níveis do seu ser que estão além da capacidade consciente/intelectual.

Lentamente, você vai caminhando de volta, recebendo todo o esplendor e brilho desse local cristalino e iluminado que habita o seu interior... (Toda a paz e harmonia já existem dentro de você.)

Agradeça a Deus pela oportunidade revelada e, lentamente, em seu próprio ritmo, vá retornando ao presente, ao aqui e agora, sentindo-se mais confiante e pleno no Amor. Sinta seu corpo, seus pés e, suavemente, pode abrir os olhos e se espreguiçar, se quiser.

Amém!

Meditações com os Cristais

Compartilho as minhas meditações com os cristais, ao final deste livro, com o intuito de repartir a sabedoria recebida e contribuir para um maior autoconhecimento e aprendizado. Essas informações não são um fim em si mesmas, mas um meio para que você se sinta estimulado a alcançar suas próprias respostas, que podem já estar aí, dentro de você.

Por considerar infinito o aprendizado com os cristais, resolvi deixar este capítulo por último, para poder sempre atualizá-lo com novas informações, fazendo dele, assim, um *livro vivo*, sempre crescente em Amor e Luz...

Espero que ele cresça cada vez mais e que toda a sabedoria seja, enfim, colocada em prática em nosso viver diário, pois este é o verdadeiro objetivo da sabedoria: ser colocada em prática.

Em relação às meditações com os cristais, não existe certo ou errado, apenas o que é verdadeiro no seu coração.

Use sempre a sua intuição aliada à razão e siga o seu mestre interno – seu coração. É ele quem lhe conduzirá em segurança ao fim da jornada.

OBS.: Algumas meditações foram realizadas mais de uma vez, sendo colocadas em ordem, como: primeira meditação, segunda etc. Assim, algumas informações foram repetidas propositalmente, para que você perceba que aquelas que mais aparecem são realmente a essência do ensinamento daquele determinado cristal.

ABALONE

Dançar com as cores nesta dança cósmica que é a vida
Ser a flor e o amor
A beleza
Simplicidade
O encantado...

- Trabalha questões como: alegria de viver e entusiasmo, vontade de viver e vencer (por isso, estimula o timo, que trabalha essas questões também).
- Ensina a estar na Luz e ser a Luz.
- Maravilhar-se com o belo da vida.
- Sorrir mais e libertar-se de todas as tensões e dos velhos pesos desnecessários.
- Abrir-se ao novo e à plenitude.
- Traz uma sensação de doçura e lazer, uma certa tranquilidade e serenidade.
- Enche o coração de alegria e paz.
- Semelhante às asas de borboleta refletidas no brilho do Sol.

ÁGATA

Ágata
Ajuda-me a sentir
a conexão com a Terra

Seguramente pisar
com os
pés bem firmes
no chão

Seja o calor da
minha alma
O alimento e o sustento

A força motivadora
das profundezas
da Terra

Restaura o equilíbrio perdido
Dá-me tua serenidade
Como as águas calmas de uma cachoeira...

- Energia calmante, tranquila.
- Equilibra e alimenta o chakra.
- Dá uma sensação de "águas tranquilas de um riacho".
- Boa para ansiedade e estresse.
- Normaliza a pressão arterial.
- Fortalece a conexão com a Natureza, o chão, a terra, a simplicidade.
- Ensina a ter o necessário para viver; singeleza.
- Saber lidar com a terra, seu corpo e assuntos terrenos com segurança; pés no chão, ancoramento.

- É uma pedra que absorve.
- Irradiação intensa, porém suave, em ondas.
- Boa para febres, problemas urinários.
- Harmoniza também durante o fluxo menstrual ou TPM.
- Pode ser indicada para tratar abusos e traumas físicos.
- Seu principal ensinamento é: estar presente aqui, agora, no seu corpo, desfrutando o que uma vida física proporciona.

Dica da Ágata: *Permita-se fluir como as águas de um riacho... Deixe ir tudo aquilo que não serve mais à sua evolução. Sinta os pés no chão com segurança, o equilíbrio e a calma no coração.*

ÁGATA BLUE LACE

Blue Lace!
Carinho de bebê
Paz dos anjinhos inocentes
Carinho e ternura
Meiguice em forma de criança

Acalma a raiva, o ódio
e liberta o orgulho desmedido!
Dando a inocência e a pureza
de quem é como Jesus Menino

- Pureza e inocência. Sintonia com os Anjos e as crianças.
- Acessa a pureza da nossa alma.
- Trabalha a criança interior.
- Sensibilidade, harmonia; energia bem suave, como uma leve luz branca...
- Aspecto Yin – passivo (receptividade).

- Desenvolve paciência, tolerância e boa vontade para com os outros.
- Energia do 2º Raio (Amor e Sabedoria).
- Calma, equilíbrio.
- Para quem é muito agitado, fala rápido ou demais e é impaciente, ajuda a acalmar, harmonizar.
- Boa para quem é muito invocado, bravo, mandão, agressivo. Para ira ou mau humor.
- Sensação de livrar-se do "peso" carregado. Para quem assume muitas responsabilidades e sente-se sobrecarregado, semelhante ao efeito terapêutico proporcionado pelo floral de Bach: Elm. Relax total. Paz e Amor.
- Para quem trabalha demais (do tipo *workaholic*) e não sabe o momento de parar, semelhante ao efeito terapêutico proporcionado pelo floral de Bach: Oak, ensina a relaxar.
- Acalma pessoas nervosas ao falar em público.
- É a pedra do "descanso" e do bem-estar – tire uma folga!
- Ela não seria boa para uma reunião de negócios, por exemplo, onde geralmente se precisa ser mais assertivo. Seria mais adequada para "depois do expediente", quando já estiver em casa, tranquilo.
- Sensação de dever cumprido.
- Tem a energia fluida como as águas de um riacho.

ÁGATA DE FOGO

- Suave e poderosa.
- Trabalha a sensação de segurança na terra e a ligação com a Natureza. Aumenta a presença física e o amor à matéria.
- Pés no chão, ancoramento.
- Estimula a personalidade a se manifestar na Terra, trazendo segurança.

- Absorve a negatividade.
- Ensina como amar o plano físico, aumentando o nosso sentimento de pertencimento à Terra.
- Trata males urinários femininos (como a cistite, por exemplo).
- Indicada para quem sofreu traumas decorrentes de abuso sexual ou de violências de qualquer tipo.
- Dá prazer de viver.
- Estimula o amor filial, as raízes familiares, os laços consanguíneos.

ÁGATA DENDRÍTICA

- Ela é branca e parece que possui uns desenhos dentro.
- Trabalha a liberação de antigos sofrimentos que ficaram presos no corpo emocional. É como se essa "imagem" no cristal simbolizasse os resíduos mentais/emocionais a serem expurgados.
- Só de olhar para ela, dá para sentir que todas as Ágatas trabalham a conexão com a Natureza.
- Sensação de "útero da Terra".
- As Ágatas, em geral, são boas para problemas femininos, como aqueles que atingem o útero, ovário etc. Nesses casos, pode-se usá-las sobre o local.
- Todas as Ágatas puxam a energia, como uma argila. Esta Ágata, em especial, puxa esses detritos energéticos, gerando uma purificação interior de liberação de toxinas astrais, mentais e físicas.
- Sua energia branca acalma, e, como as demais Ágatas, ensina: *Calma, não corra tanto, preste atenção ao seu momento presente, olhe ao seu redor, faça as coisas com mais cuidado, mais devagar, com suavidade, brandura, delicadeza...*
- É como uma pessoa olhando pela janela, apenas desfrutando a passagem do tempo, o céu azul, a beleza captada desse doce momento.

- Para quem vive correndo contra o tempo, ajuda a encontrar o seu próprio ritmo interno, harmonia.
- Trabalha a sabedoria do tambor – conhecimento xamânico –, que significa: seguir o ritmo do próprio coração.
- Estar em paz, no momento presente, desfrutando as boas coisas da vida.

Dica da Ágata Dendrítica: *Tudo passa, tudo passará... Fluidez, leveza, deixar ir... Desapego instantâneo.*

ÁGATA MUSGOSA

- Relaciona-se com o pulmão e a traqueia. Por isso, trabalha alergias, bronquite, asma, problemas respiratórios em geral.

- Filtra e oxigena.
- Energia curativa ligada ao chakra básico (1º).
- Seu principal aspecto é a cura e a ligação com a Natureza, ancestralidade. Trata questões ligadas à ancestralidade e aos nossos antepassados.
- Trabalha a energia física. Limpeza e purificação do corpo físico.
- Pedra de ancoramento.
- Traz sabedoria e seriedade.
- Para aprender a recolher-se e guiar-se pelo mestre interno.
- É uma pedra aventureira.
- Para atravessar as dificuldades, seguir em frente, passar pelos obstáculos, como em uma selva ou um pântano.
- Ajuda a manter o foco e a alimentar-se melhor.
- Cura distúrbios alimentares, auxiliando a pessoa a manter-se centrada no próprio corpo, percebendo suas necessidades reais.

ÁGATA TURRITELA

- Ao olhá-la, me veio a ideia de primitivismo e uma imagem referente à Pré-História.
- Ao segurá-la, achei-a semelhante às outras Ágatas. A diferença é que esta trabalha de forma específica no instinto humano, em nossa parte selvagem, animal.
- Ajuda a liberar o passado para compreender o presente, quando necessário (não é sua principal função).
- Como característica principal, ajuda a reconhecer o seu lugar, a sua tribo.
- Para saber o seu valor, encontrar a si mesmo, o seu ser verdadeiro.
- Atua no nível físico. Ajuda a liberar toxinas, assim como o Jaspe. Purificação do órgão físico.
- As outras características são semelhantes às das Ágatas em geral: harmonia e segurança com a terra, saber o seu lugar, liberar tensões.

ÁGUA-MARINHA

Água-Marinha
Azul-esverdeado
Calmo como o mar
Sereno como as ondas

Ao embalo de Iemanjá
Purifico-me e faço brilhar
a pureza da minha alma

*Expresso-me, viva
Com a voz do
meu coração
E protejo e santifico
quem a mim guardar!*

• Trabalha amizade, equilíbrio, pureza de espírito, unidade familiar, entendimento entre parentes, especialmente entre irmãos...
• Conexão com o mar, o oceano, as doces calmas de Iemanjá...
• Espécie de guia, farol no mar bravio.
• Guardiã dos mistérios mais profundos...
• Promove a fé, o entusiasmo e a alegria.
• Força para o trabalho.
• Dá tranquilidade, harmonia, esperança, calma. Desenvolve paciência, equilíbrio, bem-estar.
• Alívio em situações de choque e de emoções intensas, como a raiva, a angústia, o ciúme, a desilusão...
• Com sua onda pacífica de amor e bem-estar, ajuda a vencer qualquer sentimento de pesar, medo ou culpa.
• Traz paz ao coração cansado.
• Sensação de plenitude, "dever cumprido".
• Alívio dos fardos, como ensinou Jesus: *Meu fardo é suave e meu jugo é leve.*
• Para estar em paz consigo mesmo quando há qualquer nível de desarmonia interior. Boa para ansiedade e tensão.
• Desfaz qualquer tensão na nuca.
• Para expressar-se com mais fluidez e equilíbrio. Dá maior entendimento à expressão das palavras. Estar centrado para comunicar-se bem. Boa para atores e pessoas que usam a voz como profissão.
• Abre os canais de comunicação interna, permitindo a conexão com o som do coração, a voz que vem da alma.
• Palavras-chave: alívio – calma – plenitude – "dever cumprido" – paz – relaxamento – harmonia no falar.

Dica da Água-Marinha: *Relaxe, acalme-se... Tudo tem seu tempo. Por que tanta pressa, agitação? Respire a paz, a tranquilidade... Desfrute um momento com a Natureza... Esteja inteiro e íntegro em tudo que fizer!*

Depoimento pessoal: Ao final da meditação, tive o seguinte entendimento: *Os cristais se mostraram meus melhores professores, sem dúvida alguma! Quando eu tenho de aprender algo, vou até eles e os consulto.*

ALBITA

- Trabalha serenidade e paz mental.
- Suave emanação de calma, tranquilidade e harmonia, como as águas calmas de um lago.
- Conexão angélica, facilita a comunicação com outros reinos.

Dica da Albita: *Use a delicadeza, a fluidez e a leveza a seu favor. Permita-se sentir essa paz nunca antes imaginada! Seja sereno, esteja em paz!*

AMAZONITA

Como uma Amazona corajosa
e destemida
Expresso-me com verdade e vigor
Sem medo de falar

o que penso
E sem medo de expor
o que sinto,
Com amor!

Azul intenso,
vívido e límpido
Como um mar calmo
e penetrante
Conduz a mente
à harmonia,
à paz e à segurança interna
Para quem teme
o fracasso e
a censura alheia
Para quem não se expressa com medo
das reações dos outros
Para quem é covarde
e se anula
Tentando disfarçar sua angústia
Amazonita é a esperança
em forma de pedra
É o calor, a coragem amorosa,
a determinação e a perseverança!
É um consolo para quem está oprimido
e fechado
Pois abre e solta,
com amor!

Amazonita
Ensina-me a
expressar-me
com amor e verdade
Para que eu saiba
aplicar na Terra

*aquilo que a minha consciência
dita e me mostra claramente*

*Que eu possa
levar adiante
esta bandeira da paz*

*Amazona destemida
Dá-me tua coragem
e ousadia
Para que eu possa prover-me
e a todos os meus irmãos na Luz
Amém!*

- Energia guerreira, de vigor, fortaleza. Cavaleira da verdade e do amor.
- Entrega, justiça, fé e a coragem de uma amazona destemida.
- Desenvolve sabedoria, discernimento purificador do espírito, beleza, harmonia, clareza e entendimento de expressão.
- Ajuda a expressar com amor suas convicções pessoais.
- Para pessoas com dificuldade de expressão, de dizer o que pensam e sentem, que engolem sapos, não sabem dizer não e nem se impor.
- Trabalha vaidade e luxúria.
- Coragem – força – energia Yang.

*Segue em frente
Enfrente seu destino
Com coragem, destemor
E Amor!*

Dica da Amazonita: *Fale a Verdade, mas com carinho e amor nas palavras. Tenha coragem de expressar o que seu coração sente. Abra-se para toda e qualquer manifestação artística que lhe ocorrer. Se há desentendimentos com seu pai ou seu "eu" masculino, faça as pazes com ele.*

ÂMBAR

Âmbar
Afrodisíaco...
Se parece com o mel
Desperta a sensualidade
e libera os tabus acerca
da própria sexualidade

Escudo de proteção energético
em forma de spray
Traz alegria e
bem-estar
e nos remonta às coníferas
Seres do passado, acessando toda
a nossa ancestralidade
Guarda segredos do
arco-da-velha e,
de alguma forma, relaciona-se com o
código genético,
nosso DNA

- Energia quente, de vitalidade.
- Estimula a energia sexual, sexualidade sadia (trabalha um pouco como a Granada: é afrodisíaca e trata problemas sexuais).
- É a seiva de pinheiros de milhões de anos. Por isso, trabalha com os fluidos corporais, como sangue, linfa, circulação...
- Saber resistir ao tempo (não se identificar com o tempo exterior, buscar seu ritmo interno).
- Sair dos padrões sociais. Liberdade espiritual.
- Encontrar sua essência (neste caso, boa para depressão).

- Revitaliza os órgãos doentes.
- Energia tranquila, de bom humor (parece que ela estimula a sorrir!). Para pessoas mal-humoradas, de mal com a vida.
- Boa para tensão e para pessoas que não sabem ver o lado bom da vida, vivem reclamando, brigando.
- Ajuda a estar bem consigo mesmo no aqui e agora. Saber relaxar e curtir o momento.
- Dá sossego e equilíbrio.
- Estimula a ser mais espontâneo, menos rígido.
- Sentir alegria de viver, irradiando sua felicidade interna.
- Para quem segue dietas alimentares rigorosas, ou pessoas que não sabem rir de si mesmas – semelhante ao efeito terapêutico proporcionado pelo floral de Bach: Rock Water.
- Aprender a levar as coisas na brincadeira, não ser tão sério, sisudo (mas ela não é exagerada, é na medida, suave... Neste aspecto, assemelha-se ao efeito terapêutico do floral Zinnia, da Califórnia).
- Boa para o bem-estar conjugal.
- Não deixa a pessoa sorrindo como boba, ela estimula uma alegria natural do próprio ser ao estar em contato com a vida.

AMETISTA:

Violeta
Chave da Alquimia!
Saint-Germain,
Kuan Yin
e toda a Corte do
7º Raio Sagrado em manifestação na Terra

Saúdo a Bem-Amada Ametista
e invoco sua força e energia

*Para purificar
e transformar
a consciência de massa da Terra*

*Nós, humanos, suplicamos teu Amor
e misericórdia
Faz-nos filhos devotos,
sinceros de coração
Para que, assim, cada ato nosso espalhe
o perdão e a compaixão
Lições tão necessárias
para o nosso aperfeiçoamento*

*O caminho é um só
e tua Luz transparece o equilíbrio
de quem transcendeu
as picuinhas da Vida
Pois viste, tu, a Grandeza de Deus
e que o único caminho é o da
Espiritualidade Perfeita:*

*Manifestar a
Comunhão Celeste
e sermos os
Filhos de Deus
que somos
Em unidade entre
Pensamento, Palavra e Ação
Ser tal como Deus é!
Deus em Ação,
Eu Sou!
Ayam*

- Pedra de meditação por excelência.

- Eleva o ser à espiritualidade, ao Ser Eterno, rumo ao infinito; Deus. Conexão com níveis superiores de consciência, de uma forma tranquila e relaxada.
- Para descansar a mente, respirar e meditar. Devoção, inspiração.
- Relaxa, suaviza, tranquiliza e harmoniza. Energia Yin; suave, feminina.
- Diminui a pulsação, o ritmo. Baixa a febre e a pressão.
- Silenciosa e meditativa (para quem fala muito).
- Tem muita sabedoria do espírito para revelar.
- Alia o racional ao intuitivo. Faz essa ponte, conecta, pois eleva.
- Riqueza e sabedoria; pedra nobre.
- Para quem vive sob o peso do estresse diário e pega engarrafamento todo dia, por exemplo.
- Desconhece picuinhas, escassez, miséria...
- Pureza de intenção.
- Para quem é ligado à Música e às Artes em geral, almas sensíveis (dos 4º e 7º Raios).
- Para pessoas crédulas e muito apegadas aos bens materiais. Aos "São Tomés" da vida.
- Altamente generosa, doação, desapego. Para quem é muito egoísta. Consciência da compaixão e devoção.
- Ensina a manter-se reverente e humilde perante a Vida, a Grandeza de Deus. Mostra a nossa pequenez perante o Universo. Porém, ao mesmo tempo, reconhece nosso valor como peça única e essencial de Deus na Criação.
- *Buscai primeiro o Reino de Deus e a Sua Justiça, e tudo mais vos será acrescentado.* Mestre Jesus

Dica da Ametista: *Acalme o seu ser, liberte-se, desapegue-se do que não lhe serve mais. Deixe a onda de ceticismo passar e entregue mais a sua fé ao Poder Divino. A morte não existe, apenas transição e troca de formas. Deixe a sua mente elevar-se e chegar a um patamar superior. Oração, meditação e silêncio o ajudarão a chegar à meta.*

AMETISTA COM RUTILO

- Senti a força – de imediato!
- A energia do Rutilo potencializa tudo ao redor, como um raio de ativação. É a Ametista potencializada.
- Força de transmutação[3].
- Pedra de novos começos – recomeços. Fechar ciclos e iniciar novos (como o floral Walnut, de Bach).
- Para transpor o medo da "morte" (passagem). Luto natural.
- A Ametista vence a energia de melancolia. Ela é, ao mesmo tempo, forte (vermelha) + suave (azul) = violeta.
- Para tristeza, depressão, emoções inferiores.
- Pedra altruísta. Transforma vícios em virtudes.
- Para vencer o apego, egoísmo e ciúmes.
- Ameniza a energia da paixão. Transforma amor condicional em incondicional.
- Dá força para castidade, momentos difíceis e tribulações.
- O Rutilo ajuda a manter a perseverança, para alcançar uma meta ou ficar firme naquele objetivo.

AMETRINO

- Cura e transmuta: Ametista. Clareia o intelecto: Citrino. Juntas, clareiam a situação transmutando...

---

[3] A energia de transmutação é pegar algo inferior e qualificá-lo, elevar seu padrão vibratório, transformando-o. É como se modificasse o padrão vibracional de inferior para elevado (como transformar o ferro/chumbo em ouro/diamante)

- A visão superior governando a vida material.
- Energia forte e vibrante. Para iluminar alguma situação obscura (lado oculto), trazer a claridade do Sol para a parte sombria de si.
- A cor violeta da Ametista permite que a Luz dourada do Citrino se aprofunde. Mostra onde a Luz não está indo. Leva a Luz.
- Une a mente do homem. Clareia para a Luz se manifestar.
- A Ametista aliada ao Citrino se fortalecem e se complementam. Céu x terra (dualismos). Boa para quando quiser união e entendimento de algo.
- Vibra e relaxa ao mesmo tempo.
- Ensina a manter-se no tempo certo, orgânico, natural.
- Palavras-chave: alto idealismo – clareza – conexão com o Eu Superior – paz – relaxamento – energia – vitalidade – equilíbrio.
- *Tanto embaixo quanto em cima* (lei hermética).

ANGELITA

- Trabalha: serenidade, paz de espírito, amor incondicional e aceitação de si mesmo.
- Para comunicar-se de forma clara e ágil (bem articulada). Liberar emoções presas na garganta.
- Alivia dores crônicas na área da nuca, suaviza e relaxa a musculatura.

APATITA AZUL

- Trabalha no nível racional (mente consciente).

- Desenvolve o raciocínio, a inteligência, o discernimento e a discriminação (faculdades da mente analítica).
- Estimula a capacidade de visualizar e criar o seu futuro a partir de imagens mentais.
- Para quem não acredita em suas próprias capacidades, semelhante ao efeito terapêutico proporcionado pelo floral de Bach: Larch. *Se você pode imaginar, você pode realizar.*
- Para desbloquear o medo da criação.
- Para estar em posse do seu poder pessoal, tomar conta da sua vida e não ser uma "vítima do destino".
- Combina bem com o Quartzo Rosa no coração, pois, enquanto o Quartzo Rosa fortalece a autoestima no nível emocional, a Apatita trabalha no nível mental.

Depoimento pessoal: Por um momento, não recebia mais nenhuma informação. Até que senti que deveria persistir e o ensinamento continuou:

- Auxilia na dificuldade de expressar ideias escrevendo ou verbalizando.
- Autocontrole, autorrespeito.
- É uma energia forte que emana elevando a vibração; vai abrindo e expandindo.
- Trabalha com as crenças autolimitantes que a pessoa tem de si mesma.

Enfim, veio-me este ensinamento: *Você pode conseguir o que quiser. Você que escolhe aquilo que quer atrair e o que acontece na sua vida. A energia se torna mais focada para realizar aquilo em que você acredita. Não é só otimismo ou pensamento positivo, é mais além... É a criação da nossa vida neste plano por meio dos nossos pensamentos.*

Você está pronto para isso? Para abrir mão de toda miséria e mesquinhez?

Toda doença tem um ganho secundário, pense nisso...
A autolimitação é um meio de ganhar atenção, carinho e amor. Por isso, fortaleça sua autoestima e dê para receber!
Não espere de mãos vazias... Ofereça à vida aquilo que você quer ser!

Lição principal: *Responsabilidade pela própria vida.*

Nesta época, eu mal conseguia me sustentar e percebia o quanto minhas crenças limitantes apoiavam essa situação, que enfim pôde ser superada ao colocar em práticas tais ensinamentos.

APATITA AZUL (2ª meditação)

Aonde você quer chegar?
O céu é o limite
Para aqueles que nele creem
Além do céu há o infinito...
A Ascensão – é lá que eu quero chegar!

- Trabalha metas, objetivos.
- Clareza de propósitos: aonde você quer chegar?
- Para sustentar-se, nutrir-se – cuidar e dar conta de si.
- Força pessoal para levar seu trabalho adiante. Acreditar em si.
- Para responsabilizar-se e assumir a consequência de seus atos. Plantando é que se colhe o fruto.
- Para compreender a ação do karma (lei de causa e efeito).
- Para quem se vitimiza, eliminar a consciência de vítima, de pobreza, de "coitado de mim"...
- Pedra bem "pé no chão". Para encarar a realidade.
- Boa para os estudos. Para ser mais disciplinado e esforçado.

APOFILITA

Apofilita
Veio do Reino
dos Céus
ensinar-nos a
pureza divina
Límpida...
É um raio de Luz
que se manifestou
na Terra

O que ela diz é:
"Filho, lembra que Eu Sou Teu Pai"
Trazendo-nos a herança divina
esquecida na memória

Acordai e louvai!
Santo, Santo, Santo
Hosana nas Alturas!

Eu sou Teu filho, Senhor!
Entrego e me liberto!

É isso que Tu vens ensinar
Estou aqui para aprender e praticar
Vamos rezar?

Apofilita, mostra-me a verdade
Com seu brilho de cristal
Traz a transparência, virtude dos homens sábios,
e a singeleza de encontrar-me comigo mesma...

"Quem sou eu?
Quem é você?
O Ser, espírito!
O Nada, o vazio
O sem forma
O Absoluto
O Eterno
EU SOU"

- Pureza sem igual!
- Eleva a frequência rapidamente para níveis superiores de energia e consciência.

Depoimento pessoal: É um cristal que facilita a conexão com o Eu Superior (alma). Nesta meditação, consegui estabelecer essa conexão e recebi informações para o meu processo de cura.

ARAGONITA

- Energia de alta vibração.
- Sutil, poderosa.
- Efeito calmante e suave, leve.
- Usar nos chakras superiores (6º ou 7º chakras).
- Sabedoria ancestral.

*****Depoimento pessoal:** Inspirou-me a escolher, em seguida, um cristal que tinha a ver com o meu momento.

ARQUIVISTA

- Trabalha o amor verdadeiro, puro, simples e cativante.
- Para pessoas que falam de amor e não têm o conhecimento real do que é o amor.

Conhecimentos que vieram à tona:

- Lemúria: civilização pré-atlante. Povos equilibrados, mais etéricos, ainda não aprofundados na matéria.
- Já existia o trabalho de cura com cristais, trazido pelos povos estelares.
- A civilização atlante corrompeu o conhecimento. Eles já haviam traído os valores universais de amor, verdade, justiça, paz e retidão.
- A partir daí, veio algo mais específico: *Paz que só se fala da boca para fora não é paz verdadeira. Cuidado com os faladores.*

AZURITA

*Médica sagaz
de todas as enfermidades
Veio para a Terra
em missão
de devolver a paz à mente humana*

*Penetra profundamente nos confins de
nosso ser, trazendo o que estava oculto
para ser conhecido e trabalhado*

Eleva a visão ao infinito

de onde veio,
às origens
do seu próprio ser
Sua história, seu passado
Sua lição a ser aprendida e transcendida

Professora da matéria
Trabalha em nível celular
Regenerando os tecidos
e tudo mais que precisar!

Azurita, és mistério profundo
da minha alma!
Tu me lembras de que eu sou um ser puro
e imaculado
Perfeito como o próprio
Deus me criou em Sua imensa Compaixão e
Amor por nós!

Azurita se disfarça de médico neste plano,
Mas esse
"disfarce divino"
é temporário
– ela disse
Até que todos os homens se lembrem
de que o seu ser é Deus

- Azul intenso...
- Energia forte.
- Entendimento e intelecto claros, limpos. Compreensão intelectual e espiritual.
- Discernimento. Boa para confusão mental, perda de foco, desarmonia interna. Para equilibrar-se mentalmente (atua no nível psicológico).

- Penetra no reino desconhecido da mente. Acesso ao subconsciente e conecta com a mente intuitiva.
- Pode desancorar um pouco, usar com cuidado (por pouco tempo).

Depoimento pessoal: Por conta do relaxamento obtido com o cristal, acabei pegando no sono e tive vários sonhos com mensagens do subconsciente. Depois que acordei é que me dei conta disso!

BERILO AMARELO

- É uma energia que não permite ilusões: é o que é. Transparência. Para aqueles que querem sustentar uma aparência de falsidade, não sendo eles mesmos.
- Trabalha a crítica exagerada (como o floral Beech, de Bach) e as questões do ego negativo (3º chakra).
- Para que as pessoas autoritárias, ásperas, chatas, perturbadoras, implicantes, que se acham "donas da verdade" se percebam nesse estado[4].
- Parece que o trabalho desta pedra é trazer à tona essas questões para a pessoa percebê-las e modificar-se.
- Para quem é arrogante, manipulador, presunçoso, com ego inflado.
- Para quem tem implicância com o trabalho, com os amigos, na vida em geral.
- Para quem se estressa à toa, nunca está satisfeito, vive reclamando de sua vida "insatisfatória". Nada está bom, sempre falta algo...

---

[4] O que leva uma pessoa a agir assim? Falta de autoestima e autoaceitação incondicional. No fundo, ressentem-se com o destino (semelhante ao efeito proporcionado pelo floral de Bach *Willow*, que trabalha a amargura) ou culpam-se sem, no fundo, arrepender-se. Quem se arrepende não se culpa mais.

- Para quem não se ama porque não se acha bom o suficiente em algo, ou sente que não é merecedor ou digno.
- Reflexões que me vieram à mente: *Do que eu ainda não me perdoei? No que eu devo me aceitar? O que eu preciso mudar em mim?*

Depoimento pessoal: Ao longo da meditação, me veio muita irritação à tona para ser purificada ao ponto de querer jogar o cristal longe – mas é claro que eu não fiz isso!

- Reflexões durante o processo: Este cristal me irrita!
(Na verdade, quem irrita? O cristal ou meu ego negativo, cheio de irritação, que veio à tona pela energia dele?)
Grata, Berilo! Só assim mesmo para purificar esse lado chato que todos nós temos...

BORNITA

A Bornita é bonita
Ela vem para nos lembrar
de que somos seres divinos
Basta acreditar!

Ela ativa o nosso brilho
e nos ajuda a reconhecer o nosso valor
Viva esta pedra bonita,
a Bornita, que me mostra quem eu sou!

- Cor azul, violeta (porém, esse efeito de cores é produzido quimicamente, não é natural).
- Ligeiramente frágil, dá a impressão de não ser da Terra.

- Evitar limpá-la na água, pois é metálica (acabei estragando um pouco a minha por conta disso).
- Conexão estelar – na certa! Eleva a vibração e o estado de espírito, expande a consciência. Frequência elevada, alta. Boa para meditação.
- Humildade e simplicidade de espírito. Brilha sem querer ofuscar os demais.
- Para reconhecer seus talentos e oferecê-los aos nossos irmãos na Terra.
- Para brilhar sua beleza e divindade inatas com segurança, modéstia e simplicidade.

Dica da Bornita: *Eu sirvo para lembrar ao homem que ele já é um ser divino, de pura Luz. Ele se esqueceu disso. A iridescência é para isso, para lembrar!*

E, para aqueles que querem chamar mais atenção que os demais, ensino a brilhar para si próprio, sem ego ou vaidade, sem luxúria ou ostentação.

O brilho já existe em cada pessoa como uma potencialidade, um dom a ser desvelado. Ela precisa abrir-se para a beleza da Vida e aprender a compartilhar seus dons com a humanidade com modéstia e entrega.

Todos possuem brilho, basta saber ativar o olhar...

BRASILIANITA

- Cores: amarelo-claro, meio esverdeado. Verde-limão claro, mais puxado para o amarelo.
- Energia alta, vibrante, quente.
- Planeta: Netuno.

- Trabalha: centramento, clareza de pensamento e percepção, inspiração de ideias, para quando estiver embotado (semelhante ao efeito proporcionado pelo floral de Bach: Hornbeam).
- Senso de responsabilidade, organização, equilíbrio e domínio interior.
- Pedra forte, solar.
- Ilumina as trevas; conexão com a energia de Ganesha (deus hindu que abre os caminhos).
- Luz no fim do túnel.
- Ilumina o intelecto, clareia. Sol interior.
- Saber/reconhecer o seu valor (semelhante ao efeito terapêutico proporcionado pelo floral de Bach: Larch).
- Enche de esperança a mente cansada. Boa para o estresse diário.

BRONZITA

Estás cansada?
Então é comigo mesma!

Dou força, garra, vigor e destemor!
Para mim, não há "corpo mole"
Sou a força bruta,
o poder em ação

Para quem já trabalhou seus instintos
e dominou a si mesmo

Dou força de vontade
Sou "pau pra toda obra"!

Quer correr, quer suar, quer malhar?
Pode me levar no bolso...

Quer assumir a sua força, sem medo
e com vigor? Sou eu mesma!

Acho que já me fiz entendida
Então, vamos lá!
Coragem!
Nada de deixar para amanhã!
O amanhã não existe
para a mente do preguiçoso,
que sempre deixa tudo para depois...

Comece agora
e não perca mais tempo!
Estou aqui, à mão
Vença a ilusão!

- Só de olhar, já transmite a sensação de força e firmeza que ela tem.
- Dá novo ânimo (vigor).
- Para sair da passividade e do conformismo, deixar a inércia e a procrastinação.
- Força bruta para remanejar as situações a seu critério.
- Dá a sensação de preencher-se de força.
- Boa para levantar peso, fazer esforço físico.
- Palavras-chave: trabalho – força bruta – energia extra (para modificar algo).

BRONZITA (2ª meditação)

- Cor dourada e marrom.
- Dignidade, força e poder pessoal (nesse aspecto, assemelha-se ao Olho de Tigre).
- Autovalorização, autoconfiança.
- Pedra de energia bem ativa (Yang). Fica mais energizada se exposta ao Sol.
- Proporciona energia extra para trabalhos manuais, físicos, projetos inacabados.
- Boa para quem está com preguiça de fazer ginástica ou qualquer outro exercício físico e para quem sente dificuldade em acordar pela manhã.

Dica da Bronzita: *Deixe a preguiça de lado e busque sua força interior. Vença os obstáculos com garra, determinação, fé e coragem. Descubra sua liderança inata e seja o desbravador de caminhos!*

CALCITA AMARELA

As Meninas
Arabela
abria a janela.
Carolina
erguia a cortina.
E Maria
olhava e sorria: "Bom dia!"
Arabela
foi sempre a mais bela.
Carolina

a mais sábia menina.
E Maria
Apenas sorria:
"Bom dia!"
Pensaremos em cada menina
que vivia naquela janela;
uma que se chamava Arabela,
outra que se chamou Carolina.
Mas a nossa profunda saudade
é Maria, Maria, Maria,
que dizia com voz de amizade:
"Bom dia!"[5]

- A minha é uma Calcita Ótica (recebe esse nome pelo seu formato geométrico perfeito).
- Energia quente, calmante (suave).
- As Calcitas Óticas são multidimensionais; trabalham em realidades paralelas (estar conscientemente em várias dimensões simultaneamente) – tempo não linear. Janela para a alma.
- Todas as Calcitas trabalham a base, a estrutura. A Amarela estrutura uma visão mais leve da vida. Proporciona uma sensação boa de conforto e aconchego, como espreguiçar-se no Sol matinal em um dia frio ou esticar-se no jardim para se aquecer...
- Aprendizado da alma através da leveza e alegria da vida, como a poesia de Cecília Meirelles citada acima.
- Trouxe-me lembranças pessoais, como uma amiga de energia solar, vibrante e alegre! Da flor girassol e da música "Trem Azul", de Milton Nascimento.
- Para equilibrar a mente por meio da alegria do Sol.
- Mente voltada para o otimismo. Brincar de viver, criança eterna. Sorrir para a vida.

---

5 Retirado do livro *Ou isto ou aquilo*, Cecília Meireles.

CALCITA AZUL

• Quando a observo, dá a sensação de "estar consciente". Consciência.

• Me veio a imagem de nuvens brancas em um céu azul límpido

• Trabalha: calma, tranquilidade, suavidade, paz de espírito.

• Parecida com a Calcita Rosa, só que mais focada na paz em vez de no amor.

• A energia é lenta, muito tranquila, de brandura, principalmente suavidade.

• Estar em paz consigo mesmo.

• Boa para meditação, contemplação. Leva a um estado de silêncio interior.

• Acalma a mente agitada. É um ótimo tranquilizante natural. Usá-la sobre a testa.

• Equilíbrio, bom senso, responsabilidade. Seriedade sem ser chato. Sobriedade. Como uma pessoa que sabe o seu papel e o cumpre bem, com responsabilidade. Alguém com quem se pode contar.

• Sendo ela azul, sua energia de base ajuda a relacionar-se com o mundo. Ensina a harmonizar-se primeiro com seu interior para, depois, relacionar-se com os outros (faz o trabalho de dentro para fora). Todas as Calcitas, em geral, trabalham nesse aspecto.

• São rochas sedimentares que se formaram da erosão natural da Terra. Trazem ensinamentos sobre maturidade e respeito por si próprio. Saber o seu centro. Para pessoas que talvez estejam muito voltadas para o exterior.

• Para se preocupar menos, tendo mais paz e equilíbrio quando as coisas "lá fora" não vão bem. Não se trata de uma paz apática, gera quietude e atitude observadora.

• Para quem é muito egocêntrico, saber colocar-se mais no seu lugar.

CALCITA LARANJA

*Calcita Laranja
Traz a alegria expansiva
e a liberdade do ser – espírito!
Dá a base para minhas emoções
e segurança para expressar-me*

*Tu és leal e amiga
Desde o começo
dos tempos...
Mostra-me onde eu
já errei e traz
a sabedoria
de onde posso melhorar...*

*Vai seguindo meus passos e registrando
tudo ao olhar...
És também mistério
e sacrifício.
Rogo a Ti que
me libertes
de todo ego,
qualquer indício...*

- Trabalha: segurança interior com tranquilidade, infância (criança interior), meiguice e humildade.
- Sensação de calor e coragem. Instila força para suportar os obstáculos. Mostra onde está a origem do problema no passado.
- Indicada para pessoas solitárias e tristes (por não ter amigos), pois é boa para timidez e baixa autoestima, estimulando a autoconfiança, singularidade e autoaceitação.

- Para expressar-se naturalmente como se é na verdade, com confiança e sem máscaras.
- Equanimidade e modéstia sem orgulho ou vaidade.
- Estimula um caráter íntegro, sem falhas. Mudança de crenças e padrões.
- Boa para repressão, retraimento, fanatismo religioso.

CALCITA LARANJA (2ª meditação)

Recordar a infância
Ativar a memória
Trabalhar a segurança e a base
Isso é a Calcita!

Ao olhar o cristal, senti que ele evoca velhas lembranças guardadas na memória.

A Calcita é a pedra do passado. Da cura do que já aconteceu. Cada cor representa uma cura específica:

Laranja: alegria de viver;
Rosa: amor incondicional;
Azul: paz interior;
Amarelo: suavidade, claridade;
Vermelho: conexão com a terra.

Em muitas meditações, com variadas Calcitas, sempre me vem a mesma informação:
"Eu trabalho onde for preciso uma energia centrada. Dou a base, a sustentação."

Basicamente, esta é a essência delas: segurança – base – sustentação.

A Calcita pode ser usada quando há insegurança para expressar as emoções; medo de sentir prazer (quando a pessoa já foi violentada ou traz algum trauma, mesmo que inconsciente); quando é preciso aprender a expressar-se afirmativamente.

É uma pedra mais Yang para o 2º chakra, enquanto a Pedra da Lua é mais Yin. A diferença da Calcita para a Cornalina é que esta é mais quente e sensual (como uma gota que derrete, um calor). Já a Calcita traz uma certa dureza, como se fosse mais "casca-grossa". A Cornalina, mesmo sendo Yang (no sentido de ativar o chakra), é mais feminina e sutil.

A Calcita trabalha com ossos, estruturas arraigadas, padrões de crenças. Por isso, atua no nível mental, sendo sua natureza mais "fria", enquanto a Cornalina, por atuar mais no emocional, trabalha com saudosismo, nostalgia, entrega às emoções e fantasias.

Enquanto a Pedra da Lua purifica, a Calcita esclarece, desvendando e curando o passado e dando uma nova base para agir no presente. A Cornalina, por sua vez, transforma esse sentimento em calor humano, para que a pessoa se expresse de forma segura e amorosa nos relacionamentos em geral, seja nos romances ou nas amizades. A Cornalina combina bem com a Rodocrosita nesse aspecto de traduzir o amor e carinho em ação – a Rodonita também.

A Calcita pode ser associada ao Jaspe para liberar velhas crenças e a programação negativa de medo que muitas vezes trazemos sem saber para serem curadas nesta vida. E, acreditem, isso é muito mais comum do que se imagina!

CALCITA ÓPTICA

Vou para frente e
Para trás no tempo
Me desloco com precisão

Vou para onde é preciso
Cura e Ascensão
Liberto do passado
Que não serve mais

Trago entendimento e clareza
Para o novo criar
Libertar o ser
Para ser
E mais nada

- Trabalha além do tempo e espaço e realidades paralelas.

CALCITA ROSA

- Trabalha: tranquilidade, suavidade, equilíbrio emocional.
- Possui uma energia suave e calma (como uma pequena moça educada e discreta).
- Boa para pessoas bruscas, secas; para abrandar estados de ira, impaciência, perturbação, inquietude.
- Energia do Buda: compaixão, equanimidade, harmonia, integridade, serenidade, simplicidade, moderação e equilíbrio em todas as coisas.
- Para estar em paz consigo mesmo, sem ter que dar satisfação aos outros.
- Ensina a mente a ajustar-se a novos valores.
- Transmite o conhecimento do nível da alma para o coração.
- Amor puro, sentimento elevado. Simpatia. Suaviza pessoas com "coração de pedra".

CALCITA VERDE

- Só de olhar para a Calcita, ela já me revela o nível em que trabalha: o mental mesmo.
- Possui energia complexa. É como um esqueleto de algo, o que está por trás dando a base, o suporte.
- As Calcitas, em geral, são mais frias, por agirem no nível mental. Esse frio não é físico, é uma sensação de estar trabalhando em um nível energético mais "distante" (o plano mental).
- Atuando na mente racional, a Calcita Verde trabalha o suporte emocional e físico para mudanças internas. Dá estabilidade à mente para que o processo de mudança seja mais equilibrado.
- Permite que sejam criadas novas conexões internas para gerar um fluxo de energias que rompe com velhos padrões de pensamento (hábitos arraigados, como parar de fumar, por exemplo) e provoca mudanças de paradigmas e o abandono de crenças ultrapassadas.
- Energia suave (como todas as Calcitas). É constante e não muito profunda.
- Grande sensação de dever, disciplina. Valor: retidão, ação correta.
- Estimula a fazer aquilo que tem que ser feito, que você acha correto, sem deixar que a mente crie desculpas ou artifícios para se enganar.

CATEDRAL

Sou a Biblioteca Viva
Trago o conhecimento ancestral

Vivo há tempos neste plano
Esperando ser acessada

A sabedoria é para poucos
É para aqueles que estão dispostos a aprender
Para quem acha que já sabe
Nunca é o suficiente
Já está com a xícara cheia
Não há como saber!

O mistério bem guardado
E profundo
Está dentro de você
Pare e olhe para ver!
Olhe para dentro de você
E veja!

- É um Cristal Mestre, segundo a definição desenvolvida por Katrina Raphaell em seus livros.
- É multidimensional, altamente sábia e espirituosa.
- Ajuda a revelar nossa verdadeira identidade em um nível mais profundo, como se tivesse acesso, ao mesmo tempo, a vários níveis do nosso ser.
- Pode auxiliar-nos profundamente a desbravar o autoconhecimento; a ciência do EU, do descobrir-se e revelar-se...
- Convida a olhar para dentro, a enxergar-se verdadeiramente, sem medo nem máscaras.
- Conecta-nos com o nosso ser real, nossa essência divina, e recupera informações acerca de quem somos e do que viemos fazer aqui neste plano.
- O EU SOU revela-se a quem estiver pronto para descobrir-se. A memória está acessível, basta querer acessá-la...

Dica do Catedral: *É preciso se conhecer primeiro, antes de querer conhecer qualquer coisa do lado de fora. Geralmente, fazemos o caminho inverso; nos concentramos no "lá fora" e quase sempre esquecemos de olhar para o interior, para o que está acontecendo dentro da gente. Somos educados desde crianças a agir assim, por isso, torna-se um hábito automático.*

Está na hora de parar e olhar para dentro. Querer descobrir a verdadeira vida da alma, do ser, de quem você é, sua essência, o que veio fazer aqui, o que você sente, pensa... Isso é autoconhecimento verdadeiro! A ciência de conhecer o eu: Deus!

Deus não está lá fora, perdido no espaço... A felicidade não está em coisas. Não precisamos fazer nada ou ir a lugar algum para alcançar a paz. Ela é um estado de espírito, é o próprio ser. Basta sentir e se conectar.

A partir de então, a mensagem tornou-se pessoal, colaborando, na prática, para o meu autoconhecimento a partir de todas essas questões abordadas acima.

Terminou assim a mensagem:
Amar para servir, servir para amar.
Amar para viver, amar para ser
Deus
O EU SOU!

CELESTITA

Celestita
Paz Universal
Expande Tua Luz
à Terra,
nossa Mãe,
e aos seus filhos,
nossos irmãos...

*Que possamos resplandecer
Tua Luz em pensamento
Tornando-nos calmos,
compassivos e humildes*

*Que saibamos
nos expressar
com amor, doçura, ternura e afeição!*

*Que tua Luz
azul cintilante
inspire a Pureza
em cada olhar,
em cada gesto...
E que possamos
estar em unidade
com toda a Criação!
Fazendo ressoar a Paz
em nossos corações!*

Seja a Paz que você deseja para o mundo!

Se a Paz não começar em mim...
Monja Coen

- Conexão angélica – alta espiritualidade. Sintonizar-se com sua alma, com o Eu Superior.
    - Purifica a fala. Diviniza o som.
    - Para relaxar, abrir mão do controle (mental).
    - Auxilia na prática da meditação.
    - Boa para canalização (porque nos alinha com o nível superior).

CELESTITA (2ª meditação)

- Energia celestial e angelical, pura, santa, divina.
- Pureza da Virgem Maria.
- Se usada no 6º chakra (frontal, meio da testa), proporciona pensamentos de paz, equilíbrio e serenidade.
- Se usada no 5º chakra (laríngeo, garganta), proporciona expressão fluida, purifica com o valor da verdade, abençoa.
- Se usada no coração, proporciona paz, equilíbrio e pureza.

Dica da Celestita: *Sinta a pureza invadir o seu ser, vinda das altas Esferas Espirituais... Perceba seu corpo relaxar e harmonizar-se com o som divino, o som universal... Sinta a paz brotar do seu ser, a mente plainar e relaxar como se estivesse entre nuvens... Respire fundo e permita-se Ser!*

CHAROÍTA

*Revelar o medo oculto
escondido em cada ser
Jaz em mim o segredo
Algo que não
queres ver!*

*É a tua própria sombra!
Ego negativo disfarçado
de uma voz boa, amiga...
A ilusão é o erro
(minha parte preta, oculta)
A Luz, a claridade
(minha parte branca)*

*O violeta transmuta
a agonia
e traz de volta a
saudade perdida
esquecida na memória
do ser quem
nós somos
em Deus
Perfeitos...
Instrumentos de Luz
e de Amor!*

- Cor violeta com manchas brancas e veios/riscos pretos.
- Foi encontrada na Sibéria, no rio Chara.
- Manifestou-se na Terra; não é nativa do planeta.
- Ajuda a chegar à verdade de si mesmo.
- Boa para aqueles que precisam de clareza para certas questões da personalidade (aprimoramento do caráter).
- Bons hábitos. Virtudes venusianas: amor, bondade...
- O objetivo da pedra consiste em ensinar a lição de transmutação do negativo para o positivo.
- Estimula a mudança de padrões e hábitos e a elevação da consciência por meio de saltos quânticos.
- Transforma a cobiça e a luxúria.
- Proporciona a tomada de consciência para um mundo melhor.
- No meio das cores desta pedra, realmente podemos focar no grande e belo violeta ou nos pequeninos traços pretos. O traço obscuro está ali, existe (o lado negativo não deve ser negado). Contudo, há as manchas brancas, que se contrapõem, mostrando que este plano é dual e que isso tem uma razão de ser.

Dica da Charoíta: *Trago a verdade à tona do ser (quem eu sou) e revelo a sombra escondida, obtusa... Ajudo aqueles que querem se conhecer verdadeiramente com o poder do discernimento clareador (clareza* mental e discernimento sobre os próprios erros e fraquezas de caráter). Sou aquele que evita, a poeira embaixo do tapete, o ator por trás da máscara...

Quem tu és de verdade?
Só tu mesmo podes saber...
A alquimia de transformar o chumbo em ouro é transmutar os sentimentos inferiores em sentimentos nobres e elevados. Quais são os meus erros de caráter? A lista não tem fim, pois o que você alimenta está aí no seu "baú de pensamentos". Porém, o segredo está em não valorizar o que é ruim, e sim transmutar o negativo em positivo.

Qual é o seu momento de ser?
Momento de ser triste ou feliz?
A vida é uma escolha que você define com os seus pensamentos, com o que você é e prefere nutrir a cada momento.

Seja um novo momento (caminho). Seja uma nova decisão. A resposta está dentro de você. Basta procurar e ver!

CHAROÍTA (2ª meditação)

Aceite o novo
Aceite o diferente
Deixe o passado para trás
Liberte-se e voe...
Rumo ao infinito

Redescubra-se
Renove-se
Aceite o desafio de conhecer-se
plenamente...

Eu sou a Luz e as trevas

(apenas no nível da dualidade, em Deus não...)
Aceitação da escuridão para **superação**

- Transformação de velhos padrões. Abrir mão do velho.
- Aceitação do novo e das perdas.
- Renovar-se, olhar para si sem medo.
- Ajuda a pessoa a conhecer-se integralmente (seus aspectos bons e ruins), admitir seus erros e crueldades.
- Identificar o obscuro e observá-lo, gerando a reflexão: "vale a pena alimentar isso?"
- Livrar-se do "ser bonzinho" (principalmente quando é para agradar os outros).

CIANITA AZUL

Um cientista ocupado
em recuperar danos nos chakras
Trabalha a informação e o conhecimento
assimilando-os e levando-os
a outros reinos...
Relaciona-se com Arcturos e outros
espaços siderais...
É de um mundo civilizado
É uma cidadã da Paz!

- Paz, equilíbrio, serenidade. Viagem no tempo (passado e futuro – semelhante à Labradorita).
- Sabedoria do futuro, tecnologia avançada, "de ponta".
- Acessar as informações armazenadas (banco de dados / registros akáshicos). Trabalha memória genética, nível celular.

- Doenças degenerativas. Reconstrução celular. É como se trabalhasse e curasse o chakra. Trabalha o nível mental/espiritual.
- Reconstrutora das "formas"; uma "médica-cientista".
- Expulsa velhas ideias e hábitos, remove/corta crenças que não servem mais à evolução (suas estrias agem como lâminas de uma espada).
- Para a pessoa que chegou ao "fim da linha" de si mesmo e que precisa retornar – reciclar-se. É preciso querer adentrar-se no eu. Instila novos rumos, recomeço.
- Superação do programa obsoleto de crenças – renovação e regeneração mental. Boa para reprogramação mental.
- Útil com o Quartzo Fumê (no 1º chakra) e a Lepidolita (no 6º chakra) para esse trabalho de regeneração e renovação mental – também em casos de depressão.
- Reorganiza os padrões mentais (bipolaridade, por exemplo). Semelhante ao floral Scleranthus, de Bach.
- Pedra fria e imparcial. Trabalha no nível mental: discernimento, seriedade e equilíbrio. Geralmente, as pedras do nível mental são frias.
- Fortalece o intelecto (boa para os estudos). Pode ser usada junto com Sodalita, Apatita azul, Fluorita e Pirita, que também atuam nesse aspecto da mente racional.
- Desobstrui o chakra (pelas estrias).
- Mostra aquilo que precisa de uma direção (direcionamento interno).
- Traz conscientização aos processos de cura já em andamento.
- Palavras-chaves: reorganização e reconstrução.

*Lição principal: *Regeneração e renovação mental.*

CIANITA VERDE

• Também serve para remover as energias obsoletas, assim como a Cianita Azul, só que no nível emocional. Para quem tende a ser muito emotivo e cede seu poder pessoal às emoções.

• Para quem tem tendência a agir como vítima emocional, estimula a sair logo do estado emocional negativo para o nível mental e traz discernimento.

• Proporciona uma certa frieza mental para lidar com questões práticas da vida material, sem frescuras.

• Usar no coração para elevar e cortar tudo aquilo que não serve mais à evolução.

Depoimento pessoal: Tive muitos *insights* sobre como ser mais firme comigo mesma. Amor sem firmeza não é amor...

CITRINO

Citrino, Amarelo-Sol
Brilha e me faz brilhar
Irradia seu brilho intenso sobre mim
Dá-me autoconfiança
e coragem
para que eu seja um com o Grande Sol!
Hélios e Vesta!

Em Unidade perfeita, quero abraçar-te
e me dissolver no teu calor-amor
Quero reluzir ouro e trazer Paz
à minha mente cansada...

*Revitaliza e revigora
o meu ser
Quero ser brilho
Quero ser Sol!
Quero viver
e, com Alegria, irradiar!*

- O próprio Sol!
- Luz e clareza. Luminosidade.
- Ilumina o intelecto e os estados sombrios interiores da psique.
- Alegria de viver. Otimismo real (e não fantasioso). Ensina a ser radiante e luminoso em todas as situações.
- Conexão com o chakra da coroa (dourado). Para ser governado pela força do espírito.
- Agilidade mental.
- Desperta nossa Consciência Crística (Raio dourado). Mostra a nossa divindade inerente. Revela o nosso ser espiritual.
- Simplicidade do espírito. Simplesmente é! EU SOU. Na simplicidade reside a sabedoria que esta pedra proporciona.
- Para livrar-se do egoísmo, egocentrismo.
- Humildade mental, assim como a Ametista. São como irmãs: o Citrino cuida mais da parte mental, e a Ametista, da parte espiritual. Ligação do 3º e 6º chakras. Atuam juntas em funções diferentes.
- Ametista queimada não funciona, pois sua energia de cura fica prejudicada (já que foi levada a altas temperaturas). Como identificá-la? O Citrino natural é quase transparente, não possui partes "brancas" nem aquele amarelo-escuro, com aparência de queimado. É um amarelo bem claro, e sua energia se irradia em todas as direções, como um Sol.

CITRINO (2ª meditação)

- Força, calor, coragem, determinação, positividade.
- Energia Yang.
- Para manter as metas, o foco em um firme propósito, como estudar ou fazer dieta, por exemplo.
- Assertividade, seriedade, trato com negócios mundanos: trabalho, comida, sustento, moradia. Conexão com o umbigo.
- Trabalha com a mente consciente, racional. Clareia o pensamento. Boa para confusão, inércia, falta de objetivos (semelhante ao efeito terapêutico proporcionado pelo floral de Bach: Wild Oat). Não nos deixa postergar (boa para preguiça mental, inclusive).
- Utiliza a energia do eu racional para fazer a conexão com o Eu Maior. Senso de obediência ao Eu Superior.
- Força de vontade, força de trabalho (para pessoas desempregadas ou sem vontade de trabalhar).
- Instila um orgulho positivo em pessoas com baixa autoestima e falta de autoconfiança.
- Força solar, realeza/nobreza. Para assumir a liderança de si mesmo e responsabilidade pela própria vida.
- Equilibra e alinha as três mentes (subconsciente, consciente e superconsciente, ou Eu Superior).
- Para vencer/superar o eu inferior, dominar seus instintos inferiores. Semelhante às Cartas do Tarô: 11 "A Força" (assim como o Olho de Tigre) e o Rei de Ouros.

Dica do Citrino: *Ponha sua vida material em dia! Cartas, contas, e-mails, finanças... Deixe a clareza do Sol permear o seu ser. Dê uma voltinha e tome um ar fresco.*

Nunca se faça de vítima. Saiba que tudo acontece para um propósito maior...

Toda preguiça é mental. O tempo é precioso, por isso, não há mais tempo a perder com sono. O corpo responde ao comando da mente. Você é o capitão do navio; assuma o barco e as rédeas da situação. Obedeça à ordem do seu eu consciente. Seja servo (do seu Eu Superior) e senhor (de sua mente subconsciente) ao mesmo tempo.

CORNALINA

*És o Sol interno
Reguladora das minhas emoções
Cornalina, flor-menina!
Liberta a vergonha
de ser quem eu sou e dá asas
à minha imaginação fértil,
reprimida na memória...
Sê o impulso da Vida, do Novo, do Começo, da Amizade
Dá a segurança interna
que eu preciso
para cumprir
minha missão
com garra,
vigor e coragem!
Alimenta-me com tua
essência alaranjada de
Vida, Paz, Amor e Calor!*

- Transmite energia, calor, singularidade, presteza, equilíbrio, ordem.
- Organização interna. Estar centrado e equilibrado.
- Valor: retidão, ação correta. Exatidão, prestar contas com a Justiça (deusa egípcia Maat – Equilíbrio Cósmico). Pontualidade, para quem vive se atrasando.
- Traduz as qualidades do signo de Virgem.

- Inocência da criança (infância perdida). Pais que se separaram (traumas na infância). Trata raízes familiares.
- Pureza de coração, integridade, beleza.
- Boa vontade, conhecimento superior, altruísmo, gentileza, simplicidade (flor de Margarida). Amar ao próximo como a si mesmo. Prestar atenção às pequenas coisas do dia a dia (aos detalhes).
- Para conhecer a alma de alguém pelo olhar.
- Estar em paz consigo mesmo, com sua natureza interna (semelhante ao efeito terapêutico proporcionado pelo floral da Califórnia: Columbine). Saber cuidar de si com cuidado e carinho. Conhecer a si mesmo.
- Para estar "presente" – literalmente! Encarnado, firme, com os pés no chão, e não distraído em seus pensamentos...
- Para quem vive de utopia, amor platônico ou com um sentimento típico do Romantismo do século XVIII, traz alegria de viver, vida, paz e sucesso.
- Sinto uma energia muito boa de paz, equilíbrio, centramento... Uma sensação gostosa da vida, com um colorido, um tempero (canela!).
- Lembrou-me de experiências sensoriais e pessoais, como a música "Sá Marina", que uma vez apresentei quando criança na escola e meu pai não pôde ir à apresentação (nostalgia e uma certa melancolia)...
- Dar para receber: lição de prosperidade e generosidade.

Dica da Cornalina: *Um coração puro transforma tudo ao seu redor.*

CRISOCOLA

Quem é a Crisocola?
Bela aprendiz de Afrodite

*que, em beleza,
se compara
Mas que, em vaidade, em nada se iguala!*

*Quem é a Crisocola,
que afasta os medos
e os manda embora?*

*Que afaga com o carinho azul de
Mãe Divina
e acarinha em seu verde (a Natureza)
Que a Terra é
a nossa casa...
A Crisocola é a amiga de todas as horas
Aquela que transforma
as palavras em carinho
e acalma o
coração sofrido*

*Como se desse um beijinho
para sarar o "dodói"...
Por isso, eu gosto dela
E aprendo a gostar mais a cada dia
de mim mesma também*

Amém!

- Pedra forte e suave.
- Trabalha a beleza e a feminilidade. Vênus, Afrodite.
- Para abrir os olhos à beleza. Melhorar a visão. Traz o belo e o feminino para a vida. Otimismo, equilíbrio (qualidades do signo de Libra).
- Refresca, acalma, interioriza...

- Para brilhar sua própria Luz interior. Boa para quem não mostra os seus talentos por timidez. Melhora a autoestima, tornando a pessoa mais autoconfiante.
- Protetora e maternal. Traz amorosidade e carinho às palavras.
- Quebra o gelo e a frieza interior.
- Tem um ar de soberania e elegância.
- Sensibilidade intuitiva. Prepara para a canalização (receber informações através da intuição).
- Boa para distúrbios psicológicos – aquietamento – centramento interior – ansiedade – depressão – medo cronológico (de envelhecer), pois proporciona a aceitação da velhice e da beleza que ela traz.
- Se usada no 5º chakra, facilita uma fala suave e tranquila e um sentimento de equanimidade. Autocontrole. Desbloqueia. Expressar-se com amor e alegria.
- Se usada no coração, traz entendimento emocional, aceitação, paz interior profunda, equilíbrio interno. Dá a sensação de sentir-se bonito e bem consigo mesmo (beleza além do estereotipado pela sociedade). Sensação boa em relação à vida, vontade de festejar...
- Lembrou-me a flor de Lírio, que tem como seu simbolismo a pureza da Virgem Maria (conexões de energias semelhantes).
- Palavras-chave: alegria de viver, espontaneidade, inocência, pureza, esplendor divino, esperança, clareza, lucidez, pensamento limpo, compaixão, ternura, bondade, zelo, cuidado, paciência, serenidade.

CRISOPRÁSIO

- Trabalha egoísmo (necessidade de controlar), ansiedade e angústia.
- Alivia estresse e tensões. Acalma, suaviza.

- Absorve. Energia da terra. Relaxamento, serenidade, harmonia.
- Para estar bem, em paz consigo mesmo, sem querer ser melhor do que ninguém e sem se diminuir. Aceitar-se, gostar do seu espaço.
- Tolerância. Para quem é muito crítico e perfeccionista; exige muito de si.
- Ser autêntico. Boa para diferenças de opinião.
- Dá calma e equilíbrio. Interdependência.
- Forte relação com Vênus (Amor); para conectar-se com essa energia.
- Traduz as qualidades dos signos de Touro e Libra.

CRISOPRÁSIO (2ª meditação)

- Absorve o calor (esquenta rápido).
- Conhecer-se. Alinhar-se com o eu.
- Para pessoas que vivem como uma "oscilação do pêndulo" (mudanças bruscas de humor). Distorções da personalidade.
- Ajuda a olhar para o feio e o bonito de si mesmo. Enxergar-se com clareza.

DANBURITA

- Cor: transparente.
- Parece um Quartzo Branco, mas a energia é mais sutil.
- Pedra de alta frequência. Eleva rapidamente a energia.
- Sabedoria interior. Energia expansiva, de fraternidade e igualdade. Sensação de pureza, paz e harmonia.

- Lembrei-me do Elohim e Mestre da Grande Fraternidade Branca: Astréia e Serapys Bey – energia do 4º Raio Divino.

DIAMANTE

Diamante
Luz em forma de pedra,
Pureza
Perfeição divina
Já foi carvão e
hoje está aqui para
nos mostrar que
Tudo é possível
Para aquele que crê...

Que a nossa
evolução divina
Se torne tão bela
e preciosa
Como a tua Luz...

Que o nosso ser
Ascensionado e Livre
Desperte e se revele
a nós...

Livrando-nos de todas as baixezas do ego,
De toda e qualquer mesquinharia
E corrupção!

Honestidade, Integridade,
Sinceridade, Inocência e Coesão!

*Mostra-nos que
o caminho do coração
É o único passo verdadeiro
para se chegar lá (aqui)
Dentro do paraíso
em nossa
própria consciência.*

*E mostra-nos também um reino além do Céu,
Onde o Pai
habita realmente,
onde não
há palavras para explicar e
nada a se pensar!
O absoluto
O vazio
O infinito
Conduz-nos,
Amém!*

DIOPTÁSIO

- Energia bem forte.
- Cura do coração.
- Segurança interior. Confiança em si mesmo, certeza, convicção e maturidade.
- Força e renovação total.

Dica do Dioptásio: *Cure profundamente o seu coração. Deixe para trás todas as mágoas, os rancores... Deixe que a Luz verde brilhante preencha o seu ser e o revitalize. Esteja aberto para a renovação, o perdão e a purificação!*

DOLOMITA

Simplicidade
Pé no chão
Sabe a que veio
Qual é sua missão

Dolomita
Vem ensinar
a humildade
para aqueles que se acham muito
e, por dentro, são
muito pouco...

Ensina a não julgar
e a ver além
das aparências
Tu és o poder da Terra!

Sabes bem direcionar
o caminhar
Conduz-me para o caminho correto
Dharma e Retidão

E me ensina a
usar o coração!
Para amar a todos
e servi-los bem...

Sentia uma resistência em trabalhar com este cristal, até que ele me revelou o motivo:

Você não vai conseguir ver a beleza no exterior, só no interior. A minha beleza é interior. Você julga os outros pela aparência e faz pré-julgamentos. Eu mostro isto: o orgulho, o complexo de superioridade, a arrogância. Venço os preconceitos. Sou simples, sou cor de terra, chão... Não chamo a atenção para mim. Faço meu trabalho silenciosamente (boa para aqueles que querem aparecer). *Sou chão. Pé no chão. Realidade terrena – por isso você não gosta de mim. Você prefere os estados celestiais... Enquanto isso, sua vida neste plano fica uma bagunça, porque você não valoriza a vida na Terra. O viver simples e natural... Você está aqui para crescer e evoluir espiritualmente sim, mas através da experiência terrena, do corpo e dos sentidos – que são ferramentas para o seu aprendizado* (para pessoas com tendência a ser monges ou ascetas de forma desequilibrada; para trabalhar a Ascensão Integrada).

Eu sou a terra, sou o chão. Sou onde você pisa. E também mostro o julgamento que você faz dos outros. A falsa impressão pela aparência, pura ilusão... Sou o motorista, e não o carro que dirige. Por ser marrom e opaca, não quer dizer que não seja tão poderosa quanto a Ametista – sua idolatrada! Eu "escolhi" ser assim, possuo o mesmo poder (aliás, todos possuem, mas escolhem encarnar em um corpo e em uma história que condizem com eles). *Minha história é a simplicidade, aprender a cuidar da vida na Terra. Dar valor às suas sensações e ao seu corpo. Escutá-lo, amá-lo. É a casa da sua divindade, a morada do Ser – Espírito.*

Amém!

Nossa, que fora! Que vergonha... Realmente, minha vida nessa época estava uma bagunça mesmo! Puxão de orelha bem dado pela querida Dolomita! Depois disso, passei a admirá-la e me corrigi nesse padrão.

ELESTIAL FUMÊ

- Ativa a memória divina e cerebral. Trabalha com o cérebro e os hemisférios. Desperta áreas adormecidas da mente.

- Conecta com outras dimensões.

Dica do Elestial Fumê: *Eu lembro o ser humano de quem ele é. Daquilo que ele não está sendo. Ele pensa que esqueceu, mas é como uma amnésia, sua memória está apenas adormecida. Seu cérebro não funciona direito, precisa ser reativado, despertado, acordado! Você deve fazer uso do que já sabe.*

ELESTIAL ÍSIS FUMÊ

- Para vencer o medo de si mesmo. Encarar seu próprio "lado negro".
- A face de Ísis te leva para dentro e ajuda a compreender as suas dores (as quais você nutre conscientemente e as desconhecidas, que ainda não cicatrizaram – feridas abertas).
- O Elestial trabalha o futuro, a visão de amplo espectro. Tem a visão de cima, do todo. Trabalha com ondas cerebrais, ativa regiões do cérebro. Linguagem e códigos estelares.

Dica do Elestial Ísis Fumê: *Os cristais não revelam tudo de uma vez. Eles mostram aquilo que você está preparado para acessar e assimilar no momento. O recebimento de informações é uma dádiva e um merecimento, não julgado nos parâmetros de bom x ruim, mas de fazer por onde e saber a intenção que se tem ao buscar isso. Pureza de propósito, humildade e vontade de servir e ajudar ao próximo são fundamentais para se estar pronto para receber novas informações.*

EPIDOTO VERDE

- Energia forte, firme. Determinação, coragem, força, vigor.
- Pedra destemida. Yang, desbravadora.
- Para aquele que sabe a que veio, que possui um objetivo bem definido.
- Para vencer o medo de alguma situação ou de vivenciar o novo.
- Uma pedra "camuflada", macia.
- Esses cristais de cores "camufladas" são bem semelhantes nesse aspecto. Eles possuem uma energia de "desbravar a selva", de destemor, coragem. Não é à toa que é o tom da roupa do Exército Militar (muito bem escolhida, por sinal!).
- Energia de "faça alguma coisa! Movimente-se, saia da inércia!"

Lição principal: *Seguir em frente! Vamos lá! Avante!*

ESMERALDA

*Esmeralda, verde-vivo
das matas,
das florestas...
Traz a força de cura
da cabocla Jurema*

*Desvenda os mistérios
do meu coração
Revitaliza o meu ser
Acalma e harmoniza
Ensinando-me que o
caminho é verde e belo:
a Natureza...*

- Só de apreciá-la já me veio: "pedra da verdade".
- Energia curativa forte.
- Força da floresta, da mata, dos índios e xamãs, das ervas e plantas...
- Planeta: Júpiter.
- Brilho e magnetismo (por isso, ela deve ser usada sozinha em pingentes, como algumas indicações sugerem. Sua energia por si só já é bem concentrada).
- Força de renovação para o local onde for usada (principalmente no coração). Limpa o velho, como as águas da cachoeira; limpeza, purificação, expurgação.
- Libera mágoas, ressentimentos (porém, é diferente da energia emocional do Quartzo Rosa). Atua de forma mais tranquila, estimulando a ideia de que "não preciso mais disso para mim", e aquele sentimento simplesmente se vai. Isso acontece pela força e pelo sentido de valor pessoal que a energia da pedra trabalha.
- Para encontrar o seu valor pessoal. Autoestima, orgulho positivo (se é que isso existe!). Senso de valorização pessoal.
- Trabalha o valor da honestidade e da franqueza – seria boa para os políticos corruptos...
- Está ligada aos astecas (pedra de poder desses povos). Dá um senso de realeza (como o Rubi e a Safira).
- Seria bom utilizar a combinação de Granada, Rubi, Esmeralda, Olho de Tigre e Safira para esbanjar autoestima e poder pessoal (só se deve tomar cuidado para canalizar bem essa energia sem vaidade – esse é o teste!).
- Quanto mais você se aprofunda, mais esta pedra tem a ensinar. Sabedoria infinita!

ESPECTROLITA

- É uma variedade da Labradorita, por isso possui brilho e energia muito semelhantes a esta.
- Energia forte dentro dela (não consigo segurá-la por muito tempo...), de alta vibração, *upgrade* de energia.
- Para saber para onde ir, qual é o seu destino.
- Para que quem se sente um peixe fora d'água e tem a sensação de não pertencer à Terra consiga adaptar-se ao planeta, à família.
- Ajuda a descobrir qual é o seu lugar, a sua real missão (em um determinado momento da meditação, ela me revelou isso).
- Para vencer invejas e preconceitos – internos, em primeiro lugar.

Depoimento pessoal: Agradeci ao cristal, encerrando a meditação, e recebi a mensagem: *De nada! Agora cumpra!*

FAIRY STONE (PEDRA DAS FADAS)

A doçura da criança está em mim
Vivo na Terra para servir
E nutrir meu irmão
Com a força da Compaixão

Ativo em conformidade
Com o Plano Divino
Me harmonizo na cachoeira
Na lareira, no aconchego
Do seu coração

Trago paz e calma, ó
Alma cansada
Um conforto, um carinho
Um colo amigo

Sou Fairy Stone
Agradeço com generosidade
E delicadeza
Distribuo o amor que recebo
E me abro para a Vida

Amém!

- Pode ser usada no frontal (sabedoria)
- Descristaliza pensamentos que não servem mais (como a Cianita Azul, só que em um nível mais sutil).
- Conexão com a Natureza, Devas (seres elementais).

FATE VENTUM

Sou o fogo, o escuro
A penumbra, a névoa
Que dissipa as trevas, a escuridão e tudo que não é luz

Carrego energias de elevação espiritual,
Aumentando a frequência
E elevando o ser

Sou como o carvão, purifico e alcalinizo
Use-me com respeito e gratidão
Sou o sim e o não

*Além da dualidade
Está a verdadeira proteção*

- Limpeza energética de ambientes e aura.
- Pode deixá-la como um bastão (de pé). Energia semelhante à Cianita Preta.

FERRO-TIGRE

*Sua coragem e força
desvelam o medo
Trazem o destemor
para viver a vida com Amor*

*Sou a Hematita + Olho de Tigre
FERRO-TIGRE
Juntas, somos imbatíveis!
Fé e proteção
Fortalecimento da ação
Precisa e forte
para deixar a preguiça de lado...*

*Nada há a temer!
Siga em frente,
vença a jornada
No lugar destinado
está tua recompensa
Dentro de ti
Basta sentir
para compreender...*

Força, Coragem, Determinação!

- Pedra bem forte, de força física e psicológica.
- É uma combinação de Hematita e Olho de Tigre.
- O Olho de Tigre atua tanto no nível físico (1º chakra) quanto no nível mental inferior (3º chakra).
- A Hematita tem efeito de proteção e purificação do sangue. Traz a energia do 1º Raio: El Morya – Força – Fé – Coragem.
- O Olho de Tigre traz a capacidade de se defender do perigo e de se camuflar. Traz o orgulho próprio positivo quando é canalizado para a Luz (ou seja, quando a pessoa é íntegra e tem um bom caráter).
- Quando uma pessoa já é orgulhosa/arrogante, é melhor usar as pedras marrons, que estimulam a simplicidade e a humildade, como a Ágata, o Jaspe e a Dolomita.
- As pedras Granada, Olho de Tigre, Hematita, Rubi e Obsidiana estimulam o poder pessoal. Quando a pessoa já utiliza esse poder de maneira errada, é melhor usar um Quartzo Fumê, Ônix e as pedras marrons (já citadas acima).
- O Olho de Tigre vai desvelar o orgulho mais adiante, quando já tiver sido feito um trabalho prévio com a pessoa de desenvolvimento da humildade. Assim, a conscientização será mais bem aproveitada.
- Para reconhecer a sua força e canalizá-la para a Luz.
- Para pessoas tímidas, covardes, indefesas, com medo da vida. Ajuda a encarar a vida com coragem e destemor, de peito aberto. Atitude guerreira.
- Para acreditar em si e na sua capacidade de vencer, semelhante ao efeito terapêutico proporcionado pelo floral de Bach: Larch.
- Para quem posterga também, tal como o efeito terapêutico do floral da Califórnia: Tansy.
- Evita a energia estagnada (inércia). Dá vontade de sair correndo depois da meditação para gastar a energia recebida. Semelhante à Bronzita, que também possui esse efeito de energia física extra.
- O efeito é muito forte, por isso, não se deve usar por muito tempo. Como um café forte misturado com guaraná em pó, dá uma dose extra de autoestima e coragem!

FLUORITA

*Verde, Azul e Amarelo
Sou multidimensional
Em várias cores
me expresso!*

*Ajudo-te a ver
as situações
por vários ângulos...
Para quem tem
a mente estreita,
fechada em preconceitos, credos e
crenças limitantes...
Eis a solução!*

*Sou bem-humorada
e transbordo alegria
Ajudo os homens
a não se
levarem tão a sério
Mas não sou
como um palhaço,
com um humor bobo, que ri de tudo
e faz piadas
sem graça...*

Não!

*É um humor inteligente e divino,
que ri das trapalhadas e desventuras
pelas quais passamos*

todos os dias
Para quem fica triste
e se deprime
com facilidade, fazendo um drama
e tempestade
em copo d'água...
Eis a solução!

Estou aqui para revelar
reinos longínquos e acessar a sabedoria
latente em cada ser
Preparo a mente
do ser humano
para estar receptiva
às mais altas esferas
das Hierarquias Superiores de Luz
Mas não posso
falar muito, pois minha
sabedoria consiste
no silêncio.

Por isso, fico aqui então, deixando uma
dica de coração:
Ria de si mesmo, mas
faça bem a sua lição!

- É uma pedra feliz!
- Para irradiar felicidade e bem-aventurança, e lembrar que esse é o estado natural do nosso ser.
- Alegria e bem-estar. Não é uma alegria boba, mas de estar "de bem com a vida", se sentindo realizado.
- Ela é espiritual, mas trabalha em todos os níveis. Ascensão Integrada! É uma "treinadora" (da mente).
- Pedra da visão. Revela o que está oculto nas "entrelinhas". Trabalha a consciência multidimensional e a telepatia.

- Mostra as circunstâncias em perspectiva para serem observadas. Atitude observadora na vida. Sábia.
- Sabedoria do monge, do eremita.
- Desenvolve naturalmente os poderes psíquicos. Aprimora e estimula o ser por inteiro.
- Pedra de excelência. Para quem busca aperfeiçoar-se em todas as coisas.
- Dinamismo e sucesso. Ótima para pessoas empreendedoras e de negócios. Ajuda a ser bem-sucedido em sua vocação natural.
- Para voltar às origens, à simplicidade do viver natural, sem as artificialidades do mundo "moderno".
- Banir o supérfluo da vida. Ser simples e natural. Valorizar o que é importante (para quem é muito superficial).
- Para quem se envolve muito emocionalmente.
- É uma mestra realizada em todos os níveis e nos ensina a lidar com cada um deles, nos mostrando, revelando o que pode ser aprimorado em cada um. Age lentamente e de forma sutil, suave.
- Tem uma função específica em cada nível:

Físico: ensina que o físico é espiritual.
Emocional: equilíbrio e discernimento (distanciamento).
Mental: preparadora/treinadora.
Espiritual: professora/mestra. Revela as sabedorias de Deus.

FLUORITA VERDE

- Energia do infinito, de outros planos, reinos desconhecidos...
- Trabalha em todos os níveis do ser humano.
- Verde: cura, equilíbrio, entendimento e verdade.
- Pedra multidimensional: energia que se movimenta pelas dimensões. Conexão multidimensional com outros reinos e seres do

Universo infinito de Deus. Para conectar-se com outros planos enquanto se está aqui, na Terra.
- Penetra no interior do problema ou situação e o ilumina com a Luz do espírito. Entendimento e compreensão. Inteligência divina.
- Uso sábio e correto. Ela vai penetrando alegremente, com uma energia suave e leve.
- Mostra à individualidade que ela faz parte do Todo. Fundir-se, interagir. Boa para relacionar-se, fazer amigos, ser solidário e comunicativo, fazer brilhar sua Luz interna.
- Traz a identificação com o espírito, com a essência divina, buscando encontrá-la em si mesmo, no âmago do coração.
- Para conectar-se com a fonte mais profunda do coração e expandir a consciência sobre si mesmo.
- Para vencer o medo de viver. Trabalha as fantasias daqueles que não encaram a realidade, vivem em um "mundo de cristal". Mostra que a realidade não é tão dura assim e que a vida é mágica.
- Para vencer a monotonia e a apatia da rotina dura de uma vida que se tornou sem graça e sem "encanto". A vida real é mágica – basta ativar o olhar...
- Refinamento das emoções. Tornar-se um verdadeiro ser humano, um ser nobre, de valores. Vencer as paixões e ilusões carnais.
- Nos ajuda a abrir mão de crenças ultrapassadas do "velho eu", e faz tudo isso com leveza e alegria (parece que ela está sorrindo o tempo todo) – sorriso divino de *ananda* (bem-aventurança eterna).

FLUORITA VERMELHA COM DOURADO

*Eu vibro em muitas cores
e cada cor tem a sua frequência.*

- Isto é muito importante de se compreender: o espectro de cores dos cristais (veio-me a orientação de estudar sobre isso mais profundamente). A cor vermelha vibra no 1º chakra, o estado primitivo do ser, porém, não menos importante. O vermelho ativa e impulsiona o sangue (é Yang). Coragem, força, vigor.
- A Fluorita trabalha sempre a compreensão dos fatos – essa é a palavra-chave desta pedra, independentemente da cor.
- A Fluorita ensina a enxergar de forma clara e inteligente determinada situação. Neste caso, a vermelha ensina a lidar com as questões terrenas com sabedoria, praticidade e uma certa objetividade.
- Estimula a organização e a perspicácia. É a pedra dos que vivem perdidos em suas bagunças diárias (aliar com um Citrino no plexo solar para dar clareza mental).
- Ajuda a desenvolver a fala. Auxilia na dislexia, gagueira e nos distúrbios do sistema psicomotor.
- Respeito e sabedoria.
- Estimula o intelecto e o desenvolvimento das faculdades superiores de cada chakra que é trabalhado.
- É como se a Fluorita fosse uma pedra do futuro que volta ao passado do homem para lhe dar entendimento para chegar lá, pois ela conhece o caminho (como a Cianita Azul). É uma pedra sábia e anciã.
- Tem muita sabedoria a revelar. Ensina a ouvir com paciência e humildade. Para quando quiser ouvir um conselho de um ser mais velho.

Dica da Fluorita Vermelha com Dourado: *Existe possibilidade de mudança para tudo. O mundo não é estático. É energia, movimento. Você pode mudar, reescrever o que lhe desagrada.*

Depoimento pessoal: A partir de então, os conselhos sábios da Fluorita fluíram inteligentemente a respeito de vários aspectos da minha vida aparentemente sem solução. Ela me ajudou a encontrar várias direções e caminhos para resolver determinadas pendências.

Grata, Fluorita, pela sua sabedoria e Luz! Amém!

FUCHSITA ROSA

- Energia calma, suave, pacífica.
- Trabalha suavidade, doçura, delicadeza, bondade, amor divino, ternura, brandura.
- Ensina o ser humano sobre a paz que emana do coração cansado de guerra e disposto a abrir mão de todas as suas armas e render-se ao Amor.
- Para acalmar sensações de raiva, ira, cobiça, inveja, ciúmes.

Dica da Fuchsita Rosa: *Para que ter ciúmes quando o amor emana do seu próprio ser? Acreditar no erro é tolice e perda de tempo. Ciúmes é sinônimo de falta de confiança. O outro é livre; então, para que sofrer com uma imaginação vã e tola? Quando vier esse sentimento, troque-o por amor a si mesmo, à pessoa que despertou essa emoção e ao ser amado. Solte e abra mão, confiando no poder do amor.*

Eu sou a paz emanada de um coração pacífico. Sou a Paz em forma de Amor.

FUCHSITA VERDE

Nutro com o ar
Novas formas de pensar
Busco transformar
Quem está a se curar

*Sou determinada
E elevo o meu pulsar
Estou atenta e precisa
Para o que precisar*

*Trago foco e atenção
Para o aqui e agora
Aonde eu posso estar
Aonde eu me liberto
Livre do (meu) pesar*

- Alegria, nutrição energética. Alivia o cansaço, tal como o floral Hornbeam, de Bach.
- Traz leveza e equilíbrio.

GALENA

- Força Yang/energia forte.
- Energia semelhante à Hematita e Pirita juntas.
- Força magnética da Terra.
- Inspira ideais mais elevados.
- Força tecnológica.
- Desenvolve um tipo de raciocínio lógico (para aprender a mexer com computadores, por exemplo).
- Ordem/praticidade. Objetividade. Dá vontade de realizar alguma coisa. Manifestador.
- Para ser mais assertivo e produtivo. Organização/rotina de trabalho.

GRANADA

Guerreira feroz
que lança fogo no mal
da alma
e revela todas as potencialidades
escondidas e latentes
Despertando a criatividade e
a sexualidade
tão temida!
Para quem tem medo desta pedra
é melhor usá-la
e enfrentar sua repressão
que pode se tornar
uma grande expressão!

- Representa a energia da Kundalini ativada. Trabalha o sangue.
- Ação rápida, pedra forte. Força física.
- Trabalha orgulho, vaidade, poder mal utilizado e também todos os apetites inferiores: gula, luxúria, inveja, ciúmes, falsidade, trazendo à tona (à consciência) para serem percebidos.
- Purifica o sangue e trata todos os problemas relacionados a ele.
- Trabalha com as hemácias, reconstrói o sangue (como uma infusão). Renova as células. Fonte da juventude.
- Indicada para quem menstrua em excesso ou que perdeu muito sangue.
- Trabalho o poder (que está no sangue). Estimulante e fortificante do organismo. Boa para atletas, trabalhadores braçais e quem se desgasta muito fisicamente.
- Para quem quer se exercitar e não consegue. Estimula a força de vontade. Dá ânimo, vigor. Combate a preguiça, a melancolia. Para quem quer perder peso, por exemplo.

- Aumenta a libido sexual. Para que quem se reprime sexualmente aceite o seu prazer e seu lado mais instintivo e sexual. Não usar em quem já é muito sexualizado (nesse caso, optar pelo Quartzo Fumê).
- Ajuda a pessoa a assumir o poder pela sua vida.
- Boa para pessoas tímidas, sem força para se manifestar. Boa para quem se sente vítima e culpa os outros pelos seus problemas (como o floral Willow, de Bach).
- Trabalha os aspectos do signo de Escorpião.
- Ter o cuidado de não se deixar seduzir por este cristal, pois ele atrai (magnetismo).
- Ao usar este cristal, é indicado que a pessoa fique atenta às questões que serão trabalhadas. É recomendado que se discipline e se observe, pois pode ser testada nessas questões abordadas.

Dica da Granada: *Sentir prazer é permitir-se sentir. Está na hora de ousar! Coragem, vigor, energia! Só tenha cuidado com a raiva, deixe que ela se vá, gastando qualquer energia extra com exercícios físicos. Permita-se ser feliz e ame com prazer de viver.*

HELIOTRÓPIO

Heliotrópio
Purifica o sangue
És verde como a mata
curativa...

E vermelha como o Sol
Uma bola de fogo...

Energiza e anima
aqueles que sofrem de depressão

*Traz o entendimento e a clareza
para sair dessa situação!*

*Ela diz:
"Use sua energia
Para se levantar e
sair dessa!
Caminhe na Natureza,
olhe a Beleza e
seja Feliz!"*

- Energia curativa (verde) para o sangue (vermelho).
- Renovação sanguínea, revitalização de todo o ser. Regeneração das células (hemácias). Indicada para quem doou ou recebeu sangue, fez transfusão de sangue, transplante de medula ou enfrenta problemas como leucemia e anemia.
- Para o sangue, combina bem com Hematita e Granada.
- Para aprender a cuidar de si mesmo. Responsabilidade pela própria saúde.
- Instinto de sobrevivência. Sinto uma energia bem semelhante àqueles safáris da África.
- Energia bem selvagem, de floresta, mata fechada.
- Também semelhante ao Jaspe no aspecto selvagem e primitivo.
- Energias tribais da Natureza.
- Fortalece a conexão com a Terra e os ancestrais.
- Força para "sair do buraco" em que se meteu.
- Energia que estimula a coragem de viver e a firmeza.
- Força dos caboclos/mata virgem. Cabocla Jurema.

Dica do Heliotrópio: *Cuide bem de sua saúde. Não se descuide! Como estão seus componentes sanguíneos e colesterol? Pegue Sol e revigore-se! Cuide de si mesmo e aproveite o dia com ânimo e disposição!*

HEMATITA

Hematita!

Coragem, ferro, pulsar
A Força de um gigante
unido a um grande pensar!

Cura o meu sangue
Alimenta meu corpo
Remove os bloqueios
Libera a passagem

Circulação
Fogo em Ação
Libera os excessos para a terra
e ancora-me nela

Trabalha com diligência
Ativa o ser
Ancorar e
Despertar!

- Imagem que me veio à mente: túneis subterrâneos (minério de Ferro).
- Trabalho, força, vigor, coragem, disciplina, foco, concentração, sangue.
- Energia Yang – abastecimento energético. Energiza.
- 1º Raio: Mestre El Morya.
- Aterramento eficaz – enraíza, ancora.
- Aprendiz guerreira.

- Para quem está abatido, apático, deprimido (energia morosa), dá força e ânimo para superar seus limites e obstáculos.
- Ela é boa para a circulação porque libera o fluxo sanguíneo (como se bombeasse o sangue).
- Trabalhadora diligente e eficiente. Sabe a que veio e conduz a mente ao trabalho a realizar. Ajuda a descobrir sua missão pessoal.
- Boa para cãibras e espasmos musculares.
- Para quem adia trabalho, ajuda a executar tarefas com eficiência.

Dica da Hematita: *Aproveite a força que você tem para ajudar alguém! Use sua energia positiva e vibrante para construir algo de bom neste dia. Pise com os pés firmes no chão e amor no coração!*

HEMIMORFITA AZUL

- É uma pedra sensível que precisa de cuidados na limpeza. Evitar o uso de sal.
- Semelhante à Ágata, mas sua energia é diferente: ativa, pulsante (apesar de ser azul), mais Yang.
- Abre o chakra laríngeo para livre expressão, proporcionando uma comunicação mais clara e precisa.
- Força de ação para a expressão e para continuar projetos inacabados.
- Altiva, trabalha vitalidade e desprendimento.
- Sabedoria simples.
- Ajuda a estar bem consigo mesmo, encontrar o seu lugar. Promove a autoaceitação.
- Uma energia de cidadania, de saber se colocar; auxilia no convívio urbano também.
- Ajuda a realizar seu mais alto e pleno potencial de forma segura, sábia e equilibrada.

HIDDENITA

- A primeira sensação com ela foi de afrouxar os ombros.
- Trabalha sutileza, delicadeza, sensibilidade, equilíbrio emocional.
- Pedra zen; cura mental. Convida a respirar/harmonizar.
- Senti uma energia semelhante ao Budismo. Silêncio interior. Estar atento, observando ao redor...
- Boa para tensão e solucionar problemas (usar no meio da testa, chakra frontal), pois ela relaxa e tranquiliza.
- Ensina que você é um ser espiritual e o conecta com esse nível.
- Boa para alinhar-se com o eu, estar centrado, em paz consigo mesmo. Coloca no prumo.
- Indicada para pessoas agitadas, rápidas, ansiosas.

HOWLITA

- Branca com veios cinzas. Fria/gélida. Racional/frio/intelectual.
- Sua frieza me traz à tona lembranças de morte.
- Limpeza do subconsciente. Limpa toda experiência de luto, morte, lembranças de cemitério etc. Usá-la no 1º chakra.
- Sair da sepultura (carta 20 do Tarô: "O Julgamento"). Renascer dos mortos.
- Ajuda a pessoa a olhar para a dor (daí a frieza necessária), porém, sem deixar de senti-la – depende do nível de apego de cada pessoa.

Depoimento pessoal: Este cristal, inicialmente, me dava uma sensação horrível, era um sacrifício segurá-lo (devido às minhas próprias experiências ligadas a esses acontecimentos de morte – tive duas perdas familiares). No entanto, persisti na meditação, e veio o seguinte:

O que vem além da dor (cinza) é o branco (da paz). É preciso superar barreiras e obstáculos que obstruem a verdadeira felicidade e o fluir da vida, libertar-se de velhas crenças e condicionamentos de um passado que não serve mais, virar a página, renascer. Ressurgir das cinzas; Fênix.

É preciso coragem para atravessar o vale escuro de sofrimento e dor para chegar à paz verdadeira. Suprimir a dor é sufocá-la dentro de si. Ajuda a curar esse estado de "cemitério/morte" dentro de si.

É preciso libertar-se do medo/terror noturno e de qualquer espécie (semelhante ao floral Rock Rose, de Bach), mas, antes, devemos sentir a dor e compreendê-la. Para isso, a coragem. Não desistir, não evitar o sofrimento para ficar bem por fora e mal por dentro. Olhar a dor profundamente do fundo do poço e encará-la sem querer reprimi-la. Foi isso que me veio.

JADE

- Energia dinâmica (ao mesmo tempo em que é suave, é forte).
- No nível físico: perfeição em ação. Ajuda a agir com ordem e harmonia (energia oriental, como a dos chineses).
- No nível espiritual: perfeição, harmonia, foco, unidirecionamento.
- Ajuda a manter a mente unidirecionada para o objetivo, as ideias em foco e a concentração.
- Calmante, relaxante. Estimula o estado meditativo e silencioso da mente. Relaxa as emoções tensas. Boa para ansiedade, angústia, medo, estresse.

- Suavidade, ternura, amabilidade, afeição, pureza.
- Força e confiança para vencer situações adversas.
- Manter o equilíbrio, prumo, perfeição, organização, ordem.
- Também limpa os órgãos internos (sistemas de filtragem do corpo, como os rins).
- Para ser mais assertivo na vida (menos disperso, economizar tempo e usá-lo sabiamente), planejar antes de executar. Para pessoas impulsivas.
- Ajuda a manter a coerência nos três níveis: pensamento, palavra e ação.
- Autocontrole. Retidão. Manter a palavra, ser fiel a si mesmo.

JASPE AMARELO

Manifesta-se em uma gama de cores
Fazendo-nos lembrar do quanto a
diversidade é perfeita e que o Divino
aparece disfarçado em várias formas...

Remonta-nos aos primórdios da Humanidade
Quando havia mais cooperação e
solidariedade entre os homens

Ela nos faz lembrar o quanto é bom ser
altruísta e que o próximo mais próximo
somos nós mesmos!

Cura todas as dores
Expurga todo o egoísmo
Mãe de todas as pedras
Ensina-nos o Altruísmo!

*Puxa para si as mazelas
e nos devolve o carinho,
o calor da Terra e
o conforto
Absorve para si e
se doa...
O que mais
podemos esperar
de seres tão nobres e generosos?*

• Os Jaspes funcionam quase todos da mesma forma. Eles têm uma essência em comum, uma base. Nessa base, todos são iguais, como os felinos, os caninos (no reino animal). Depois, vem a especificação, como, por exemplo: tigre, gato, leão (felinos); lobo, cão, coiote (caninos).

• O Jaspe Amarelo possui uma energia selvagem, primitiva, ligada aos instintos de sobrevivência.

• Sabedoria do jacaré. Dentro dos estudos xamânicos sobre os animais de poder também trabalha essas questões ligadas ao instinto de sobrevivência.

• Energia de força, guerreira, de seguir em frente. Coragem, vivacidade. (Geralmente, os Jaspes, como os percebo, têm essa energia indígena, de desbravar as matas...)

• Força, vigor, energia. Não sinto sono, ao contrário, sinto uma energia dinâmica do tipo "vamos lá!" (Yang).

• Trabalha a pele e problemas relacionados a ela, no geral. Deve-se esfregar a pedra, passá-la na região afetada da pele (deve ser por isso que, no início da meditação, senti vontade de esfregá-la no rosto).

• Onde usar? Apesar de ser amarela, seus temas são mais ligados ao 1º chakra – fiquei com esse questionamento... (Acho que a usaria nos 1º e 3º chakras, principalmente.)

JASPE COBRA

- Imagem que me veio à mente: tribo africana.
- Força primitiva/selvagem (guerra, dança tribal, força dos índios cantando em roda num tom grave).
- Energia Yang e xamã.
- Força de cura. Força guerreira dos índios. Ajuda a acessar sua força interna.
- Ancestralidade, coragem, seriedade.
- Pés no chão. Raízes da terra. Nativo. Saber suas origens, enraizar-se. Criar vínculos com a terra e o clã. Fazer parte de uma sociedade e trabalhar para ela com alegria e gratidão.
- Oferecimento, sacrifício do ego. Renúncia voluntária. Viver e trabalhar para o bem de todos. Para aquele que está interessado só na sua satisfação pessoal, parar de encarar o próprio umbigo e olhar ao seu redor.
- Trabalhar e servir (para quem sente vergonha de fazer um trabalho que considera inferior).
- Equipe. Ritmo. Respeito. Convivência pacífica. Bem-estar social. Fazer parte de um grupo (encontrar o qual faz parte).
- Força na união do grupo.

JASPE MARROM

- Pedra curativa por natureza. Trata todas as doenças físicas.
- Esculápio, caduceu, símbolo da Medicina...
- Ancestralidade. Recuperação de memórias e lembranças perdidas.
- Tribal – raízes – África – primitivismo – trabalhar em conjunto, em grupo.

- Ligação com os incas/astecas (pedra de poder desses povos, junto com a Esmeralda).
- Ação rápida. Absorve mais do que transmite.
- Trabalha a beleza.
- Ensina solidariedade, ecologia, bem-estar social, cooperação, fraternidade, coletividade, filantropia, ajudar os animais.
- Imagem que me veio à mente: uma pessoa que me deu um sentimento de rejeição/repulsão... Pergunto: "O que significa isso?". Ela responde: "Você!" (Todos somos iguais.)
- Transmutação de sentimentos inferiores em altruísmo e boa vontade.
- Aprender a amar acima dos obstáculos internos (das rejeições que temos a certas pessoas, mesmo quando é difícil amar e ver Deus em alguém). Ela é boa para raiva/fígado. Estimula o perdão. Irradia pureza.
- *Amar ao próximo como a si mesmo.* Ver o bem no inimigo – amar os inimigos.
- Pedra amiga. Ensina a ver a igualdade e a unidade dos seres.
- Mãos abertas para receber, para doar, para ajudar. Ajuda pessoas muito fechadas, introspectivas a se abrirem.
- Regressão a vidas passadas (induz ao relaxamento e ao transe).
- Despertar dons interiores. Saber suas potencialidades.
- SER O BEM – SER KRISHNA! O Amor Incondicional.
- Trouxe-me como lembrança a imagem do sociólogo Herbert José de Sousa, o Betinho, e da música: *"Vamos dar as mãos, vamos dar as mãos, vamos lá... e vamos juntos cantar...",* como uma ciranda de criança.

JASPE MARROM (2ª meditação)

- Os cristais que têm por função absorver são melhores limpos e regenerados na terra, já que eles ficam muito sobrecarregados por absorver as energias negativas. Outros cristais que absorvem: Malaquita, Obsidiana, Hematita, Ágata...
- Energia suave e tranquila.
- Humildade, como a terra que sustenta tudo e todos e não se orgulha, pois é o seu *dharma* (dever).
- Pedra bem tranquila. Equilibra as emoções, por isso, é boa para pessoas de temperamento forte. Dá brandura e bom ânimo, como a Ágata, que também é uma pedra suave.
- Possui conexão com a Natureza em geral; animais, plantas e os demais seres vivos. Essa visão do coletivo é o altruísmo que ela desenvolve.
- Para não pensar só em si, levantar o olhar e sair do próprio umbigo (Crisoprásio também trabalha esse aspecto do egoísmo).
- Pode ser usada nos pés para ativar esse chakra. Ajuda a desenvolver uma certa flexibilidade/maleabilidade.
- Trabalha curas ligadas ao passado.
- Ajuda a se integrar ao planeta.

JASPE OLHO DE GATO

- Energia latina/calor.
- Coragem de ser você mesmo. Autoaceitação.
- Sensações.
- Sagacidade.
- Natureza selvagem.

JASPE OLHO DE GATO (2ª meditação)

- Só de olhar para esta pedra, tenho uma sensação enigmática. Misteriosa e muito bela. Parece pele de cobra. Sensação selvagem.
- Energia de liberdade, contato e integração com a Natureza. Para pessoas que estão apartadas desse sentido interno. Para quem está desconectado com a Natureza ou com sua natureza interior.
- Revitaliza e energiza (sua função principal).
- É uma pedra que trata dos aspectos de Virgem, pois trabalha a pureza, que é uma característica desse signo.
- Planeta: Terra.
- Para estar bem presente aqui e agora.
- Liberdade sem limites, autonomia. Uma sensação de voar/plainar no céu azul.
- Discernimento questionador.
- Camuflagem. Para ser discreto em uma situação.
- Trabalha um pouco a sexualidade também.
- Os Jaspes, em geral, são bons para quem está em processo de desintoxicação ou dieta para eliminar as impurezas do corpo (como o floral Crab Apple, de Bach).

JASPE PAISAGEM

Contenho a história da Terra
Concedo sabedoria
Para quem está adiantado no processo espiritual,
revelo os segredos da Terra.

- Imagem que me veio à mente: parede de uma gruta primitiva (dos homens das cavernas). Algo ligado à escrita rudimentar.
- "Arquivos", códigos genéticos – DNA. Ancestralidade.
- Vida em comunidade. Troca de experiências. A descoberta do fogo quebrou/transformou esse processo. Cada um começou a pensar mais em si e na sua prole.
- Origem do egoísmo. Homem passa da visão de comunidade para a visão familiar. Ele passa a se importar com a sobrevivência dos "seus". Isso foi importante para desenvolver a consciência da unidade familiar, porém, perdeu-se um pouco a visão do Todo.
- Para problemas familiares de difícil solução. Vínculos kármicos familiares. Trabalha o egoísmo e, ao mesmo tempo, ajuda quem não consegue manter laços familiares.

JASPE PELE DE LEOPARDO (ou Leopardita)

- Só de olhar, senti: energia selvagem/tribal, forte, guerreira; coragem, força, vigor; pintura, algo a ver com embelezar-se.
- Imagem que me veio à mente: um homem negro, grande e forte, e também índios em uma comunidade.
- Para preparar-se para as batalhas e guerrear. Pintura e "gritos de guerra" indígenas. Grito de guerra. Lembrei-me do filme "Avatar".
- Ajuda a lidar com situações de confronto. Mantém a mente preparada para a batalha. Sair vencedor, vitorioso. Boa para pessoas com debilidade orgânica, apatia, marasmo, sem forças para lutar.
- Segurança em si e na sua capacidade de vencer. Boa para atletas ou para quem enfrenta processos judiciais.
- Ajuda a vencer suas limitações. Segurança interna para expressar-se no mundo. Saber lidar com os negócios e a vida na Terra.
- Para reconhecer sua força bruta e saber utilizá-la a serviço da Luz. Estar desperto, ativo.

JASPE VERDE

• Conexão com a energia da terra; selvagem, primitiva.
• Energia de força e domínio físico – boa para doenças debilitantes. Fortalece os órgãos enfraquecidos.
• Favorece uma maior presença de espírito, traz para o aqui e agora. Energia de vigor e simplicidade também.
• Para envolver-se nas questões terrenas sabiamente.
• Senso de valor próprio – unidade com tudo que existe. Perceber-se dentro de um contexto maior.
• Os Jaspes, em geral, trabalham o senso de comunidade, do grupal, do coletivo. Ensinam a atuar dentro desse Todo, reconhecendo sua parte, sua parcela de contribuição e responsabilidade.
• Para quando estiver muito voltado para o seu umbigo e para pequenos problemas pessoais, ajuda a olhar ao redor.
• Palavras-chaves: envolver-se no Todo – estar presente aqui agora – revigoramento físico – sentimento de unidade (de pertencimento).

Os Jaspes possuem algo em comum e particularidades diferentes. Exemplos:

Jaspe Marrom – conexão com a terra (suave);
Jaspe Verde – revigoramento físico;
Jaspe Vermelho – ativa;
Jaspe Paisagem – passado;
Jaspe Leopardita – coragem;
Jaspe Olho de Gato – energiza;
Jaspe Cobra – energia de Trabalho;
Jaspe Amarelo – pele.

KUNZITA LILÁS

Amor sincero,
flor em botão
Pureza Imaculada,
rosa sagrada
Kunzita Rosa, delicadeza...
És gentil e bela
Suave, doce emanação
da perfeição divina.
Delicada,
amiga sincera...
Ensina o perdão,
a compaixão
e a misericórdia.
Kunzita, ensina-me!
Irradia seu doce brilho sobre mim!
E faz-me esquecer
dos rancores,
dos temores
e dos pesares
do dia a dia.

Revela toda essa gentileza e
paz no meu ser
Serei devotada e grata!
Amém!

- Pedra muito sutil e delicada. Forte e ao mesmo tempo suave. Possui estrias: energia que eleva rapidamente.
- Conexão com o Eu Superior e o Espírito Santo.

- Amor devocional (espiritual). Eleva a energia amorosa.
- Eleva o ânimo de quem sofreu uma perda, lembrando que o amor é eterno e não tem barreiras (de tempo e espaço).
- Indicada para egocentrismo, egoísmo, pois trabalha o altruísmo, o pensamento além de si mesmo, no sentido de compartilhar o amor, vendo em todos os seres a presença de Deus.
- Sintonia angélica. Singeleza. Inocência. Bálsamo para as almas tristes, sem esperança... Proporciona alegria de viver e rejuvenescimento. Regenera.
- Misericórdia. Para quem sofreu violência de qualquer tipo.
- Boa para tratar vulgaridade, sensualidade em demasia, materialismo e apego excessivo.
- Para pessoas atormentadas por paixão, inveja, traição ou ciúmes (sentimentos inferiores). Semelhante ao efeito terapêutico proporcionado pelo floral de Bach: Holly.
- Energia xamânica do animal de poder borboleta, que trabalha transformação.
- Sabedoria (Sofia).
- Silêncio interior, conexão com a Fonte que existe no coração.
- Autoaceitação e aceitação dos outros. Boa para quem é muito duro e crítico consigo mesmo (como o floral Rock Water, de Bach).
- Leveza, fineza, inspiração. Conexão com a energia e o simbolismo do Lírio e da Flor de Lótus.
- Palavras-chave: pureza – ternura – paz – compaixão – perdão – intuição – amor incondicional – gentileza.

LABRADORITA

Vinda de reinos distantes
De Sírius,

*de estrelas brilhantes
Eis nossa amiga,
a Labradorita
que possui esse nome na Terra,
mas, na verdade, tem outro nome, oculto
Conhecida em outros sistemas estelares
Usada para irradiar nossa Luz interna e
fazer emergir nossa espiritualidade e
conexão com o Céu*

*Estrelas, astros luminosos
Que nos lembram
da nossa
herança divina
Que fazem
ressurgir em nós
a saudade de casa,
do Lar do Criador,
Nosso Pai
que nos criou!*

*Pedra totalmente espiritual
Desconhece as mazelas da Terra
Só brilha e faz brilhar
A consciência feliz
e lúcida
que, de repente, acorda no sonho e
descobre que tudo é um filme,
uma ilusão,
como Matrix...*

*O resto é mistério
Para quem quiser descobrir
sintonize-se com*

*essa pedra e
conte-me, pois todos querem ser felizes!*

- Pedra muito sábia, espiritual e estelar.
- Conexão com a estrela Sírius.
- Atlântida e golfinhos.
- Energia de transformação. Revela o que está oculto/escondido.
- Faz brilhar a partir de dentro para fora. "Jogo de espelhos" – revela facetas interiores ainda não reveladas. Desvela nossas potencialidades latentes.
- Trabalha além do tempo e espaço. É uma viajante do tempo; viaja para o passado e para o futuro.
- Pedra "detetive". Viaja em missão até cumprir seu objetivo.
- Sabedoria xamânica do animal de poder libélula (viajar além do tempo e espaço).
- Revela a sabedoria da alma/mônada. Acessa os registros akáshicos.
- Para manter a conexão com a Luz em tempos de escuridão.
- Pedra multidimensional. Trabalha com as Hierarquias da Luz. Mantém os planos da Hierarquia na Terra e assegura que eles serão realizados.
- Diligência. Respeitar ordens do Alto. Obediente.
- Objetividade e disciplina. Ajuda a manter o foco da missão. Indicada para pessoas que perdem o foco e o propósito de suas metas. Em um nível mais baixo, ajuda a manter a disciplina e a concentração para estudar, fazer dieta, praticar exercícios físicos etc.
- Estimula a criatividade em geral (boa para designers e pessoas que lidam com criação).
- Desabrochar espiritual (flor de lótus); desdobramentos.
- Não deve ser usada direto, pois trabalha com o inconsciente e pode desancorar.

LÁPIS-LAZÚLI

Lápis-Lazúli
Azul-dourado
Joia luminosa do Nilo
Reluz na minha face
seu brilho,
seu esplendor
Trazendo-me
a lembrança
de um tempo esquecido na memória

Ativa a minha mente
com o teu brilho,
teu poder
Ensinando-me a resplandecer
a glória divina do
Filho de Deus
Vivo no presente

Sou o filho das Estrelas
Sei de onde vim e para onde vou
Não me perco a serviço,
pois sei a serviço de quem estou

O tempo não é de brincadeira
É cada um encontrar o seu lugar
e buscar se corrigir (e se redimir)
Para poder se iluminar...

A iluminação é um fato
É algo real e palpável

O quanto de distância você está
para despertar?

Quanto tempo já perdeu
em tolas brincadeiras vãs?
Agora trate de andar sério
Para cuidar do que negligenciou
É olhar para a Verdade
e não ter medo de se encarar
O bicho é você mesmo
O lado mau em você está

Não tem nada fora de você
Trate de compreender
Você e Deus são um só
Nunca existiu dois e
nunca vai existir...

Trate de se arrepender
por servir à ignorância
Cuide dos seus afazeres
Realize a abundância

Seja mestre de si mesmo
Seja forte o tempo inteiro
O tempo não é brincadeira, não...
Cuide dos seus afazeres...
Coloque tudo em dia
e se acerte com o dia!
Adeus para a madrugada,
para o mal e a piada
Adeus para tudo que passou
Eu vou é cuidar de mim
HOJE

- Eleva o pensamento à Consciência Crística. Conecta com o Céu, o Pai Celestial[6].
- Carta 17 do Tarô: "Esperança". Para tristeza, desespero, depressão da alma, sofrimento, angústia, melancolia.
- Conecta com o Eu Superior enquanto direciona a mente subconsciente a se conectar com a Luz.
- O azul representa a noite, a escuridão do inconsciente, e a Pirita, o Sol da consciência. Identificar-se com a Luz é isso! Por isso, ela é boa para a depressão, que é só uma neblina (nada como um dia de Sol para dissipar as trevas – nuvens).
- Para pessoas confusas mentalmente (sem clareza mental). Recupera memórias perdidas. Trabalha bem as doenças mentais.
- Confrontar-se com o lado sombra para identificar o mal como ilusão criada por si mesmo.
- Dá a direção para descobrir o seu propósito na vida, saber o rumo a seguir. Ele dá a direção para a mente se conectar à Luz (semelhante à função da Pirita, de elevar para o Alto). Para quando se está na escuridão, seguir a Estrela D'alva.
- Confiança no destino e em si mesmo – no processo de se autoconhecer. Otimismo com fé, entrega.
- Para despertar a intuição, encontrar a sabedoria dentro de você.
- Relaciona-se com os efeitos terapêuticos dos florais Shooting Star, da Califórnia (para as almas que vieram de outros sistemas estelares), e Sweet Chestnut, de Bach (para desespero da alma).

Dica do Lápis-Lazúli: *Olhe para si mesmo, para o seu eu verdadeiro. Descubra a pureza do ser interno, imaculado, como as estrelas brilhantes no Céu... Purifique sua mente e desperte para o ser!*

---

[6] Lembrei-me de Nut (divindade egípcia do Céu) e pensei: "Mãe Nut ou Pai Céu?". Enquanto que, para os índios, o céu é o Pai e a Mãe, a terra, na Mitologia Egípcia, é o contrário: a Mãe Nut e o Pai Geb (a terra). Mas, no caso acima, Pai Celestial é o aspecto masculino de Deus, como Pai Divino – foi o que me veio depois.

Depoimento pessoal: Este cristal realmente tem essa energia de conexão superior. Ao final, me veio um ensinamento muito valioso do meu Eu Superior. Uma boa dica é sempre pedir orientação à sua Consciência Divina e buscar ouvir a resposta. Peça em oração ou medite com o Lápis-Lazúli.

LARIMAR

Expresso-me com coragem
Nitidez e força
Sou a água e o vulcão
Sou a força em ação

Traz a calma e harmonia do mar
Tranquilidade no falar
E assertividade no caminhar

- Geralmente esse cristal é associado à energia da Atlântida. Me veio que isso se deve pela localização geográfica na qual é encontrado (na República Dominicana).
- Sabedoria no falar. Assertividade e tranquilidade.
- Pode ser usada no 3º olho para expansão da mente.

LEPIDOLITA

Ensina a transição
e o desapego
de velhas crenças

*e padrões
que não servem mais*

*É um carinho em
forma de pedra
Uma doçura e gentileza em forma de
Luz violeta e lilás*

*Compassiva e bela
Ajuda-nos a estar bem ancorados e viver
na Terra em
equilíbrio e união
com nossos irmãos*

*Trabalha os medos
e fobias
do ser adulto
e medroso
que se esqueceu da sua criança interna,
leve e alegre
por natureza
Relaciona-se com
o reino encantado
de elfos, fadas e duendes...
Com o reino dévico
e mais além!
Comunica-se com o Espaço e ajuda
aqueles seres que vieram de Lá
a se sentirem à vontade e
bem-vindos na Terra*

*É uma receptora amorosa
do cálice de Kuan Yin
Misericórdia e bondade é o seu lema
até o fim!*

- Em geral, as pedras violetas agem no nível espiritual. Porém, a Lepidolita possui sua principal função no nível mental.
- Age na mente da pessoa, fazendo as correções desse nível, enquanto a Ametista eleva a mente ao espiritual.
- Sua lição é também humildade, mas de forma diferente da Ametista. É a humildade de tratar todos os seres e circunstâncias de forma igual. Para pessoas preconceituosas, fechadas em seus sistemas de pensamentos e crenças.
- Trabalha com a espiritualidade na Terra. Boa para pessoas muito espirituais que não conseguem se manifestar na Terra.
- Faz as conexões no nível mental para que a mente esteja preparada para o nível espiritual.
- Trabalha a consciência da Ascensão (saber qual rumo seguir). Seriedade e equilíbrio. Restaura o equilíbrio na mente e dá uma direção.
- Ajuda pessoas de mal com a vida, birrentas, de cara fechada, teimosas, de mau humor a perceberem a origem de tais sentimentos.
- Trabalha um pouco a arrogância. Vai "quebrando" a pessoa, atraindo situações nas quais ela vai sendo testada.
- Boa para tratar Alzheimer e doenças similares.

LEPIDOLITA (2ª meditação)

- Mudança de velhas crenças e padrões.
- Descortina atitudes egocêntricas.
- Suas várias camadas são como os vários níveis da mente, proporcionando a compreensão de cada nível.
- Boa para desequilíbrio mental (neste caso, pode ser usada junto com a Sodalita).

Dica da Lepidolita: *"Integre sua energia espiritual à vida diária. Mantenha a mente arejada, com humildade e harmonia. Respeitando a todos, com compaixão e sabedoria."*

MAGNETITA

- Energia Yang (mais forte que a Hematita).
- Pedra de Hércules. Marte – energia guerreira. Força sobre si mesmo.
- Fortalece a força de vontade, o ímpeto de realizar as coisas com eficiência e coragem. Traz motivação e ânimo para momentos difíceis.
- Um pouco como a Bronzita; boa para trabalhos que exigem força física. Indicada para pessoas convalescentes, apáticas, preguiçosas...
- Ajuda a terminar o que está inacabado. É como se ela transmitisse a mensagem: *"Vamos lá, ainda não acabou, vamos em frente, ânimo e vigor!"*
- Para focar bem no presente. Ancoramento, aqui e agora.
- Ação rápida – efeito forte. Bem estimulante (para acordar). Por isso, não se deve usar com frequência.

Dica da Magnetita: *Use sua força a serviço do bem, de Deus, da Luz e da Consciência). Termine aquilo que não terminou. Sinta a força de vontade brotando no seu ser. Finalize o dever com perfeição e harmonia.*

MALAQUITA

Transformadora
Xamã da Natureza
Malaquita
Tu és Pureza e Força do 4º Raio Divino

Absorve as dores
e mostra o que
está oculto
Revela os medos escondidos e os põe
para fora
Precisando de uma "mãozinha"
para transmutar...

Combina-se com Azurita e Crisocola
+ Rodocrosita, são amigas de trabalho
(são amigas todas elas!)
Nesta missão de ajudar o homem
a voltar a ser ele mesmo:
Deus – o Homem Deus
(sem ego e ilusão)
Revela a Justiça e a Verdade
Portadora divina
da Chama da Fé!

Curadora incansável
Ensina-me a curar!

- Pedra verdadeira: mostra a verdade a nosso respeito. Profundíssima. Aprofunda a visão e o entendimento de nós mesmos.
- Pedra senhora. Sabedoria de anciã.
- Planeta: Plutão.
- É indispensável profundo respeito e reverência para o seu uso.

- Trabalha no interior, nas camadas mais profundas da psique humana. Busca o que está escondido, oculto, reprimido Por esse efeito, poderia ser considerada como uma "Obsidiana verde".
- Resgata, no passado, partes perdidas da alma, resquícios de memórias, fragmentos perdidos.
- Resgata a pessoa da escuridão (trevas interior). Cura desequilíbrios mentais de qualquer tipo. Precisa de "enfermeiras" que façam o trabalho de transmutar (usadas em conjunto), tais como Quartzo Branco, Rodocrosita, Crisocola e Azurita, por exemplo. O trabalho dela é puxar, resgatar o que está perdido, enquanto as outras vão limpando o que vem à tona (Pode-se fazer um layout de cura com a Malaquita no meio do local a ser trabalhado – e os outros cristais de apoio em volta dela).
- Não é bom o seu uso direto, pois ela trabalha diretamente com o inconsciente. "Médica psiquiatra de insanos e suicidas em potencial".
- Profunda conhecedora da Natureza. Sabedoria da floresta. Xamã da Natureza. Para quem trabalha com ervas, flores (mata).
- Força de cura latente. Trata qualquer coisa. Poderosa!

MALAQUITA (2ª meditação)

- Logo ao olhar, me veio um bhajan (canção devocional): *Rama[7], senhor da Verdade...*
- Pedra da verdade, assim com a Esmeralda (a diferença é que ela mostra a verdade oculta). Para encontrar a verdade de si mesmo ou de uma situação.
- É uma pedra xamânica, assim como o Ônix.

---

[7] Rama foi um Avatar divino que veio à Terra propagar os ideais da Verdade e da Retidão.

- Transformação profunda, renovação. Cura velhas feridas da alma. Renova o coração. Liberta de mágoas antigas (no coração) e traumas (no plexo solar).
- Libera o ser daquilo que ele não precisa mais carregar (nesse sentido, semelhante ao Lápis-Lazúli).
- Maturidade, responsabilidade, liderança.
- Penetra no subconsciente. É uma pedra "mergulhadora", que precisa de amigas ao lado para transmutar o "lixo" que vem à tona.
- A melhor forma de limpá-la é com terra, Sol, incenso... Evitar água com sal grosso por causa do cobre, pois oxida e perde o brilho (outras pedras que também possuem cobre em sua composição: Azurita, Crisocola, Turquesa...).

MALAQUITA (3ª meditação)

Sou a Curadora da Floresta
Mestra Xamã
Conheço os segredos e
domino os ensinos

Quem está apto a aprender
eu ensino
A quem tem humildade
a sabedoria é revelada

É para poucos
Pois muitos acham que sabem muito,
mas não sabem, não
Os segredos da alma e do coração
eu desvelo
de forma sábia e imprevisível

Esteja pronto para entregar-se a mim
e conhecer os mistérios profundos
da sua alma

Arregaçar as mangas
e pôr-se a trabalhar
Encontrando seus pedaços perdidos
Pedaços de alma, resquícios de memória
que vão sendo desenterrados do seu baú de arquivos

Está tudo aí, dentro de você
Esperando para você ver
o que já havia esquecido
Está lá, bem guardado
Esperando a chave para ser desvendado!

Abra a porta e caminhe para dentro
Veja você e cure
suas feridas internas
Renove-se
Transforme-se
Revigore-se
Ame-se e
Aceite-se

Só depende de você
O que você quer ver!

- Só de olhar: profunda e misteriosa, conhece os segredos da floresta (interiores). Cura ancestral, sabedoria kahuna.
- Entrar na floresta simboliza o subconsciente, aprofundar-se.
- Penetra no subconsciente para curar profundas dores e traumas emocionais e mentais. Emerge todo o conteúdo e o traz à tona para ser purificado e clareado à Luz da consciência.

- Ela não revela o lado obscuro da pessoa, como a Obsidiana e o Ônix. Atua no sentido mais curativo (por sua cor verde), para trabalhar conteúdos não resolvidos da consciência (emaranhados emocionais, em geral, localizados no 3º chakra – plexo solar).
- Trabalha o desenvolvimento mediúnico e o amadurecimento do agente de cura. Assemelha-se a uma curadora, rezadeira, benzedeira que conhece os segredos da cura e possui essa missão.
- Amadurecimento, responsabilidade, treinamento xamânico da Natureza (não é racional, não dá para entender intelectualmente).

Dica da Malaquita: *Tenha coragem de conhecer a si mesmo, desbravar sua mata interna e purificar-se, regenerar-se. Permita-se a limpeza necessária para integrar o seu Eu Sou – o Eu Superior.*

MICA DOURADA

- Espiritualidade com alegria, claridade do espírito. Clareza de propósito de visão, lucidez, leveza, beleza.
- Sensação de raios de Luz dourada em várias direções, como um Sol.
- Ter a visão "de cima" (do Eu Superior). Elevar-se sobre a superficialidade. Expandir-se em várias direções. Novas perspectivas de vida. Ajuda a solucionar conflitos.
- A Lepidolita (que seria uma Mica lilás) age mais no nível mental, e a Mica dourada, no espiritual.
- Espírito e mente alinhados.
- Remove a obscuridade mental.
- Relaxa e conduz à alegria do verdadeiro ser (*ananda* – bem-aventurança divina).
- Renovação, sentimento de vitória.

MOLDAVITA

- Tive a intuição de usar no coração ou no chakra frontal.
- Energia expansiva crescente (diferente de tudo que já senti).
- Estimula as energias criativas. Dissipa as nebulosidades.
- Vai à raiz do problema/situação (como um raio-X).
- Aos poucos, fui percebendo também a conexão espacial, mas diferente da Labradorita, que é quase instantânea. Esta demora um pouco mais para se conectar.

MORGANITA

Sua essência angelical
transforma o
coração duro
em um botão de rosa
puro e imaculado

Sagrado!
Seu teor é cristalino
e sua beleza é pura
Morganita, tu és bonita!
Muito mais do que imaginas...

Aconselhas a beleza
para o viajor cansado
Reluz em tua face
a Luz divinal

Colore o céu de
um tom rosado
No poente, já se avista a Estrela D'alva
A Estrela Matutina, Luz que nos alumia

Beleza e frescor
Cura e resplendor
Tu és Morganita
e humildemente reverencio a Ti
Eleva a vibração amorosa
Ternura, Amizade
Ser altruísta, generoso
Benevolente (bondoso)
Saber cuidar
com amor!

- Observando a pedra, já me veio uma imagem dela como se fosse uma casinha de cristal; delicada, suave, pura e singela.
- Energia de criança: inocência, ternura, suavidade. Parece uma menina pequena, delicada, inocente e sensível.
- Pedra espiritual. Refina os sentimentos.
- Energia dinâmica, embora suave. Parece a energia de um Quartzo Rosa em uma oitava superior.
- Força do amor. Confere amor incondicional, paz, nobreza de caráter, pureza de espírito. Suavidade, paz e afeição.
- Energia da Nossa Senhora Virgem Maria.
- Amor universal. Energia "fofinha".
- Energia do perdão através do amor. Aceitação, preencher o coração de amor, bondade e doçura. Para pessoas de coração duro, amolece o coração.
- Para sentimentos de rejeição, abandono, dor e sofrimento. Órfãos.

Indicada para quem perdeu a alegria de viver, semelhante ao efeito terapêutico proporcionado pelo floral de Bach: Wild Rose.

- Krishna, bem-aventurança divina! Prema.
- *Samastha Loka Sukino Bavhantu* (que todos os seres em todos os mundos sejam felizes)!

NEFRITA/JADEÍTA

- Logo que comecei a meditação, já me veio uma observação inicial: todas as pedras verdes evocam o valor da Verdade.
- Energizante/revigorante. Ótima para repor as energias de quem está cansado, fatigado, doente, gripado... Boa para quem vai praticar exercícios físicos ou iniciar alguma atividade que esteja postergando. Dá um novo ânimo e revitaliza.
- Também é um cristal com energia "para cima", alto-astral, otimismo. Parece um pouco a energia do verão (expansão, calor, alegria). Talvez por isso seja boa para os rins (que trabalham o medo na Medicina chinesa), pois dá uma injeção de energia positiva.
- Ela não acalma, pelo contrário, ativa, desperta o coração apático e tristonho, a alma cansada... Mas não chega a ser uma Bronzita ou Granada, é mais suave.

OBSIDIANA FLOCOS DE NEVE

Contraditória até o fim!
Amada por uns...
Odiada por outros...

Espelho mortal!
Revela o oculto,

*o escondido,
o feio e o obscuro*

*A poeirinha esquecida
debaixo do tapete!*

*Mostra os potenciais a
serem explorados*

*Revela a beleza em forma bruta
O selvagem que ainda
não foi domesticado
A sombra que ainda não se tornou Luz...*

*Teu poder deve ser respeitado
e utilizado com cautela
Porém, não deves
ser temida
Ao contrário,
deves te tornar amiga
do aventureiro que trilha caminhos
rumo ao desconhecido de si mesmo!*

*És portadora da Verdade
e defensora da Justiça!
Defendes os portadores da fé
e da lealdade*

*És reveladora...
És Obsidiana!*

A Obsidiana é magnética, ela lhe puxa para dentro de uma forma sedutora e envolvente (não há como escapar!). Sempre temi meditar com esta pedra justamente por não saber onde esse mergulho ia parar! Se é que ia parar em algum lugar... Sinto exatamente esse buraco sem fim e respeito sua energia. Por isso, faço como os mergulhadores: coloco antes um "respirador" com um limite de profundidade para começar. Vamos lá, então? Mergulhar...

Ao olhar para ela me veio:

Por que temes?
Sou o negro, o vazio
A vastidão do infinito
O buraco sem fim
Sou chamada de inconsciente
Levo ao fundo de si mesma
Para conheceres até onde puderes ir
O que gostas e o que não gostas de si mesma.

Aceitar-se plenamente é tarefa para poucos.

Nos acostumamos a nos contentar com as limitações e a superficialidade da vida cotidiana, sem nos aprofundarmos no autoconhecimento.

O que há lá no fundo?
Por que existe o medo?

O medo foi plantado na mente do homem como uma erva daninha, justamente para afastá-lo da essência divina que ele é. Quanto mais longe da fonte, mais infeliz ele se torna.

Quando eu entro nesta pedra e me envolvo em sua energia, logo me vem à mente o Darth Vader, do filme *Star Wars*, o que ensina que é preciso admitir que também sou o mal, tenho o lado negro em mim. Aceitar é o primeiro passo para se transformar.

- Trabalha além do tempo e espaço.
- Planeta: Plutão.
- Baú de memórias.
- Lida com o tema: poder. *Como você usa seu poder?*
- Para conhecer o lado sombrio de si mesmo. Saber lidar com as trevas interiores (É preciso que a pessoa esteja bem e alinhada em seu

nível consciente para acessar com sabedoria tais registros, consciente de seus efeitos,). A ideia não é se culpar ou martirizar, mas tornar-se responsável por tudo que és.

OBSIDIANA NEGRA

Sou escura como a noite
Em mim jazem os segredos
nunca dantes revelados...
Aqueles que ocultas
até de ti mesmo!

Conheço o teu ser
até as profundezas da tua alma
Não há mistério para mim
Eu não tenho medo do escuro
pois sou a Luz integrada na matéria
A perfeição no plano físico
Quem me teme
Teme a si mesmo
Teme o desconhecido
e tem medo de Deus,
que é todo Amor e Bondade

Em Deus não há mal,
apenas na mente ilusória do homem
que pensa que se separou da Fonte
Ele esqueceu-se de sua origem
e de sua maestria perante o Universo
E hoje vaga colhendo migalhas
quando há um grande banquete em Casa
à sua espera!

Volte, filho pródigo!
O Pai te espera de braços abertos!
Tu tens medo de voltar e
levar uma bronca, ficar de castigo...
Levar uma surra, um puxão de orelha...
Nada disso! Deus é Amor, Bondade
Pureza e Perfeição
Em Deus não há condenação ou julgamento
Apenas na mente do homem
que pensa dividido – (2)
Em Deus só há Um – (1)
Ele desconhece o 2
Só há 1
Negro no Branco
Branco no Negro
Luz nas Trevas
da Consciência
Só vira Luz!

Ilumina o escuro e o
resultado é Luz!

Só há Luz!!

Percebe?

- Integra aspectos desconhecidos de si mesmo.
- Ilumina os estados obscuros da mente que se identifica com a dualidade/ilusão.
- Ajuda a reconhecer o "lado mal" em si mesmo, para ser purificado e integrado.
- Livros sobre o assunto: *O Efeito Sombra* (de Deepak Chopra, Debbie Ford e Marianne Williamson) e *Não temas o Mal* (de Eva Pierrakos).

Dica da Obsidiana: *Olhe para aquela parte de si mesmo que você mais renega, que está escondida lá no fundo do baú ou embaixo do tapete. Dê uma olhadinha nela para fazer a integração necessária. Quando a sombra é trazida para a Luz, ela desaparece!*

ÔNIX

- Só de olhar para ela, senti um centramento interior, uma coisa incrível... Traz para o centro quem está muito vulnerável ao exterior (visão para fora sem se focar no nível interno).
- Energia meio tribal também. Xamânica, como a Malaquita (são as duas curandeiras da floresta: a Malaquita, a mãe, e o Ônix, o pai).
- Sabedoria do urso (no xamanismo) e energia do Lado Oeste.
- Energia mais masculina, de respeito, seriedade.
- Carta 9 do Tarô: "Eremita".
- Uma sensação como se tivesse entrado em um buraco de uma árvore e fosse hibernar ali durante meses.
- Interiorização, silêncio para buscar respostas e crescimento interior.
- Para quando se quer ficar quieto consigo mesmo. Tendência a ficar muito Yin. Só cuidado para não usar muito este cristal, para não ficar enclausurado, preso no seu mundo interno (para quem já tem essa tendência de fuga do mundo), não se tornar sisudo, rígido ou introvertido demais. Esse é o outro lado da moeda (semelhante ao padrão Rock Water, dos florais de Bach).
- Riqueza espiritual. Para se centrar e equilibrar.
- Pedra que conecta à sabedoria do ser em detrimento do mundo exterior, de aparências. Quando se precisa cuidar da casa interior ao invés da exterior.

- Existe um confronto com a sombra, mas de uma forma mais tranquila e racional, menos catártica do que a Obsidiana.
- Discernimento sobre suas faltas de maneira fria e imparcial, observadora. Ela absorve, puxa para dentro.
- Equilibrador emocional. Permite manter a calma durante os momentos difíceis. Não usar direto consigo, apenas em terapia.
- Energia de Saturno; paciência, perseverança, tudo vem devagar, com o tempo...
- Dedicação e trabalho.
- Para quem não leva a vida muito a sério, pessoas sem compromisso com nada, que não estão nem aí para a "hora do Brasil".
- Excesso de extroversão.
- Palavras-chave: autocontrole – equilíbrio – silêncio interior – momento de paz e meditação.

Dica do Ônix: *Cuidado com a sedução do mundo interno. Lá, tudo é quieto e acolhedor, como um útero materno. A vontade de ficar lá é ilusão. Entrar e sair. Ficar de olho aberto e marcando o tempo da meditação. Não há perigo, apenas tenha essa precaução.*

Alguns cristais possuem uma "sedução", como a Granada, por exemplo. Você sente um tipo de energia que dá vontade de ficar meditando com ele um tempão, mas, depois de um certo período, começa a fazer mal pelo excesso.

Moderação em tudo é o equilíbrio, já ensinava o Mestre Buda Gautama.

OPALA DE FOGO

*Espelho de aumento
que está bem se estou*

e fica ruim quando fico também...

Por isso, só a uso quando já estou bem
Para que a felicidade expandida
possa se manter e ir além!

No movimento das águas
Sigo o fluxo melodioso
e vou em frente
Com coragem e destemor!

- Energia forte. Realmente potencializa as emoções.
- "Espelho de aumento" – sem mentiras.
- Não há como se esconder deste cristal. Ele literalmente "levanta o tapete" e vê o que está escondido lá embaixo. Não há como usar máscaras com ele, pois as faz cair.
- Revela "segredos escondidos" de si mesmo; seus medos, suas resistências, tudo aquilo que você não quer olhar.
- Para descobrir a sua verdade interior sem medo.
- Para acessar sua raiva interna e/ou qualquer sentimento reprimido.
- Para aquelas pessoas com dificuldade de entrar em contato com seus sentimentos, que rejeitam algum aspecto da vida emocional ou que são muito intelectuais e não sentem ou negam seus sentimentos (como as do tipo Agrimony, dos florais de Bach).
- Para frustrações emocionais. Ela tem uma energia objetiva, do tipo "direto ao assunto".
- Não usar demais este cristal.

Dica da Opala de Fogo: *Instilo coragem e sabedoria no navegante que não tem medo de olhar para si mesmo. Revelo-me e potencializo tudo que estiver ao meu redor.*

Para quem quer conhecer-se... Revelo os segredos guardados, as lembranças perdidas, resgato do "fundo do baú" suas recordações (sejam elas felizes ou não), para virem à tona na Luz da Verdade.

PEDRA CRUZ

Abrindo espaço
Abrindo caminho
Abrindo para o novo
Se abra você!

Abre o novo
E deixa o velho
(desapego!)
Doe o que não precisa mais (semelhante ao Fumê)
Deixe ir o passado
E o que não serve mais à evolução
Maestria na mente
Sabedoria no coração
Pé no chão
Cabeça estelar
Equilíbrio céu x terra (semelhante à Cianita Azul com Rubi)

- Alinhamento entre o plano horizontal e vertical.
- Pode ser usada no umbigo (cria um desbloqueio energético semelhante ao Quartzo Rutilado)
- Abertura. Enraizamento. Aprofunda as raízes familiares.

PEDRA DA LUA

Pedra da Lua
Que brilho lindo tens!
És Mãe Divina e me
ajuda a curar o relacionamento
com minha mãe terrena

És o Princípio feminino
A alma, a sensibilidade
O Yin...

O mistério que conduz
ao reino desconhecido
do subconsciente

Velas a entrada
Como Ísis, a Sacerdotisa
E revela segredos escondidos
das profundezas do ser

- Energia forte, semelhante à deusa egípcia Ísis e à Sacerdotisa do Tarô (carta 2).
- Planeta: Vênus.
- Trabalha com o inconsciente.
- Os cristais que purificam o subconsciente são bons porque ajudam no processo de evolução e autoconhecimento.
- Não há nada a ser temido, a não ser você mesmo!

Dica da Pedra da Lua: *É hora de sensibilizar-se mais... Permitir-se sentir as emoções, porém sem se deixar ser dominado por elas. Deixe seu lado feminino vir à tona e cante uma canção.*

Quem é sua mãe? É você mesmo! Que cuida de você, da sua criança interna. Como você tem se cuidado? A mãe exterior é um reflexo da mãe interior. Tudo é dentro como é fora, acima como abaixo – já ensinava Hermes Trismegistos.

Guardo os segredos dos Iniciados. Sou a pedra do subconsciente, dos segredos escondidos. Qual é o seu maior segredo?

Eu apenas vou refletindo com meu brilho suave de veludo, como a Lua, que brilha a luz do Sol. Vou iluminando as partes obscurecidas da mente, para que, com a luz, elas possam aparecer e transparecer, como meu brilho translúcido. Mas não sou como a Obsidiana e a Malaquita, que são mais "selvagens" ou mais "brutas". Sou mais suave e feminina, sou "sutil". Vou clareando lentamente, para que as percepções sejam trazidas à consciência devagar, de modo a serem assimiladas.

Trabalho a magia, a sedução, o ocultismo, o seu lado que você não quer ver, aquilo que você escondeu debaixo do seu tapete, seja o que for! Em vez de jogar o lixo na sua cara, vou, aos poucos, levantando o tapete e deixando a sujeira à mostra, para ser percebida. Por isso, dou equilíbrio às emoções.

Sou como a hipnose: lenta, suave e ritmada.

PEDRA DO SOL

*Como um Sol
estás a brilhar
Com tua Luz
a iluminar*

*Traz alegria, ânimo,
disposição!
Rejuvenesce e
transforma velho
pranto em melodia...*

*Pedra do Sol
Tem esta força
de irradiar
Trazendo esperança
para quem a procurar*

- Solar. Energia "quente" (Yang).
- Coragem. Força guerreira.
- Energia física – para indisposição, letargia, falta de exercícios físicos.
- Exerce calor sobre a área afetada.
- Autonomia. Impulsão. Simpatia.
- Energia contagiante. Alegria de viver, disposição, ânimo, vigor, bom humor (como um dia de verão).
- Determinação para caminhar em direção à Luz.
- Sucesso. Independência. Boa para depressão também.
- Função: irradiar. Para brilhar a sua Luz com verdade e beleza.
- Harmonia de ser. Estar bem consigo mesmo.
- Para superar seus obstáculos internos.
- Para pessoas que não estão totalmente presentes no aqui agora, que devaneiam, nostálgicas. Traz uma presença de espírito vibrante.

PEQUENA PONTA DE LASER

- Energia imponente, afirmativa. Automaticamente, alinhou minha coluna.
- Coerência saturnina, precisão. Focar-se e ser mais assertivo.
- Ajuda a desenvolver unidade entre pensamento, palavra e ação.

Dica da Pequena Ponta de Laser: *É preciso concentrar-se em uma coisa de cada vez a fim de obter a sabedoria que advém do autoconhecimento. Dispersar-se em várias direções não leva a lugar nenhum.*

É preciso querer aprofundar-se e alinhar-se com a força da Luz. Sintonizar-se com ela é uma questão de escolha. Ela está à disposição para quem souber aproveitar.

Um objetivo
Uma meta
Um propósito

O Um, o aprendizado do único Ser que nós somos (compartilhamos): Deus.

Há uma história que retrata isso... Duas ilhas brigavam entre si sobre qual era a mais bonita. Veio um tsunami e engoliu as duas. Lá no fundo do oceano, elas puderam ver que eram parte de uma mesma rocha com uma base em comum.

Assim somos nós; diferentes na superfície e iguais na divindade latente em que fomos criados.

Realizar a divindade é a meta, o objetivo que todos nós esquecemos ou deixamos de lado. Realizar o nosso ser, conhecer-se de verdade...

PERIDOTO

- Possui uma cor verde-amarela.
- O amarelo ilumina a área e o verde equilibra/cura. Essa combinação restaura a paz e a serenidade.
- A energia não é tão alta; ela adentra e se espalha em várias direções (como um Sol), porém não tão profundamente.

- Em relação ao subconsciente, ela ilumina e, por isso, revela o que está ali guardado e reprimido.
- Dá um novo ânimo, vigor. Estimula. Refresca.
- Boa para o coração em casos de fraqueza, desânimo, desistência. Dá alegria. Lembrou-me o efeito terapêutico do floral de Bach Hornbeam.
- Boa para atletas que se cansam muito fisicamente.

PIRITA

Pirita,
mensageira das
boas-novas!
Dá inspiração, coragem e novas ideias
Restaura a mente cansada
e perturbada pelos afazeres
do dia a dia
Para quem vive sob
o peso do estresse
Relaxe e use uma Pirita
para elevar a mente
à Consciência Crística Dourada!
Restabelecendo a paz,
a harmonia e a confiança.

- Energia/força tecnológica.
- Ligada à energia de inteligência. Trabalha a mente consciente/racional.
- "Caos" para chegar à ordem.
- Ensina sobre o respeito a si mesmo e aos demais.

Dica da Pirita: *Disciplina e ordem, para o seu próprio bem! Aprenda a respeitar suas próprias regras (e as regras em geral). Nada de dormir só mais um pouquinho, nada de ser negligente com o eu inferior! Tome as rédeas de sua vida e assuma o seu destino na Luz! A vida não é para os fracos. Use sua inteligência. Passe a ser uma autoridade para si mesmo e respeite essa autoridade.*

POLIDO NATURALMENTE

- É um Cristal Mestre que possui uma face com um polígono em pé.
- Ensina sobre a verdade de si mesmo, sobre ser seu guia, liderar a si mesmo, ser seu próprio mestre, se dar a direção. Ele ilumina e mostra a verdade do eu ou de alguma situação.
- Não serve como um "oráculo". Ele não pode ser manipulado; mostra o que quer, é preciso estar receptivo e ver a verdade, seja ela qual for.

Dica do Polido Naturalmente: *Eu sirvo para lembrar o homem da sua essência esquecida, que está adormecida em seu ser. O homem se identifica com o lado de fora, com o exterior, esquecendo-se do lado interno, de olhar para dentro, para o "eu" primeiro. Esse eu não é o ego, e sim sua essência espiritual (primordial), que deu origem ao seu corpo, aos seus pensamentos e sentimentos... Esse "eu primeiro" é o eu-Deus, o que veio em primeiro lugar. Depois dele é que vem a manifestação dos outros corpos.*

É preciso olhar para dentro e querer ler as "notícias" da sua alma. De que adianta saber o que se passa com o mundo se você não sabe o que se passa consigo mesmo? Para que gastar tempo fora quando você pode encontrar o que procura dentro: a paz, a sabedoria, a tranquilidade, a felicidade? Ninguém está preocupado com essa parte, e, por isso, o mundo está do jeito que está. Se todos olhassem para dentro por um momento que seja do seu dia, muitos erros poderiam ser evitados, muitas emoções negativas, superadas, e uma nova consciência surgiria a partir daí.

Por que as pessoas têm tanta dificuldade em mergulhar em si mesmas? O que as impede? Do que têm medo? De verem a sua própria sombra, o seu lado negro? Ou de verem sua Luz e perceberem que são, na verdade, "partes" de Deus, o próprio Deus? O que mais lhe assusta?

Saber que se é Deus exige muita responsabilidade... Significa olhar para a Verdade e não querer se enganar, estar disposto a mudar seus paradigmas, seus conceitos e estilo de vida. Todo hábito começa com um pensamento – li isso outro dia.

Quem sou eu na verdade? Sou a Luz ou as trevas? As trevas existem enquanto eu não as iluminar. Não posso ser os dois, visto que é impossível! Quando há Luz, ela ilumina a treva que encontrar pela frente, e só há treva onde a Luz ainda não iluminou. Então, de fato, somos a Luz, e precisamos iluminar as nossas trevas (onde for preciso) para brilhar e irradiar essa Luz que somos.

No entanto, não se deve também negar esse lado sombra e só afirmar a Luz, pois seria uma mentira. A menos que você já seja realizado em Deus, veja Deus e sinta Deus em todos os momentos (em todos os níveis do seu ser). Caso contrário, se investigue e ilumine com a Luz o seu ser. O que vai desaparecer (as trevas) não é de verdade; são partes do ego negativo (o eu ilusório) que foi construído ao longo de muitas vivências. Você não é o ego negativo e nem apenas a personalidade com todos os seus defeitos.

A mente iluminada será apenas um instrumento para o seu ser divino se manifestar. A personalidade é o que eu chamo de três corpos inferiores: mental, emocional e físico. Os três servindo ao Espírito – esse é o ideal. Não há nada de errado com eles. Mas, quando eles agem baseados no exterior, sendo controlados pelos órgãos dos sentidos e apenas com a mente como guia, sem a orientação do Eu Superior, daí vem o erro, a ilusão/confusão. Essa mente que se vê separada do Espírito/Deus é o que eu chamo de ego negativo.

É preciso estar no presente, aqui e agora, onde não há sofrimento. O sofrimento só existe como uma continuação do passado ou uma antecipação do futuro. Sozinho, ele não existe, a menos que a mente o alimente.

O que você alimenta na sua mente? Alimente o amor e terá amor. Alimente a discórdia e terá desunião. Troque o pensamento negativo pelo positivo. Coloque isso em prática! Cuidado com o que você pensa, pois é como um ímã!

(Ao final refleti: por isso que a repetição do nome de Deus e a lembrança de Deus são importantes para se ligar ao Divino. É preciso saber dosar e ter equilíbrio, equanimidade e serenidade.)

PONTA DE QUARTZO BRANCO COM VÁRIOS TRIÂNGULOS PEQUENOS INCRUSTADOS NO CORPO DO CRISTAL:

Logo no começo da meditação, veio-me uma verdadeira aula sobre pirâmides:

Este estudo sobre a forma piramidal remonta ao Antigo Egito, onde as primeiras pirâmides de que se tem notícia foram construídas. A "invenção" das pirâmides nada tem de novo. É sabedoria extraterrestre vinda de outros povos.

Qual o significado do triângulo?

O triângulo representa a trindade, que ainda é um mistério para o homem. Ela é composta por:

Pai – Filho – Espírito Santo

Brahma – Vishnu – Shiva

Mente Subconsciente – Consciente – Superconsciente

Na verdade, a trindade é UM. Veio-me este desenho representando isso:

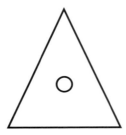

O centro da pirâmide é o vórtice de poder, força e energia. É onde a energia está mais concentrada.

"Assim na terra como no céu"; "Tanto embaixo quanto em cima".

A contraparte do triângulo é seu ponto de equilíbrio e ancoramento na Terra. É o equilíbrio perfeito: céu x terra. Representa também o nosso lado oculto, desconhecido[8].

---

8 Referências de leitura: Hermes-Thot, Helena Blavatsky, Seichim e Tarô Egípcio.

As pirâmides eram templos de iniciação e cura, onde sacerdotisas e sacerdotes treinados realizavam seu ofício sagrado (e recebiam também treinamento).

A Estrela de Davi nos mostra duas pirâmides superpostas, e o meio concentra ainda mais energia (duplamente).

A pirâmide para cima indica que a matéria deve subir, sutilizar-se, elevar-se. Para subir, você deve conhecer-se através do autoconhecimento (sua parte oculta/desconhecida/sombra). Para manifestar plenamente sua missão na Terra, você deve ativar a pirâmide de baixo. Isso também pode ser realizado ativando-se diariamente o veículo Merkabah[9], através de exercícios e também da purificação do ego/mente – por meio do autoconhecimento.

Conhecer a sabedoria da sua alma requer autodomínio e coragem. A oportunidade existe para todos, a porta está aberta, porém, quem a atravessa? Quem deixa o conforto de estar onde está para encontrar-se com o desconhecido? Quem quer sair do conforto do seu "lar" e atravessar o deserto da solidão para confrontar-se consigo mesmo? Quem tem coragem de se iluminar, buscar Deus verdadeiramente, "como o afogado busca o ar" – conforme ensinou Yogananda?

---

9 Veículo/Quantum de luz no qual se viaja para outras dimensões da realidade.

Quem tem coragem de abandonar sua vida simplória em busca de algo mais que pode lhe exigir tudo? Quem está disposto a desprender-se? Desapegar-se? Despojar-se? Não só de bens materiais, mas de tudo que não serve à evolução: apego a parentes e amigos (ressalto: o apego e não a sua convivência com eles), crenças equivocadas, emoções e pensamentos negativos, distorcidos... Quem tem medo de entregar-se a Deus achando que sua personalidade vai morrer, vai se fundir com o Todo, vai perder sua "autonomia", seu "livre-arbítrio", sua "vida"?

O que é a sua vida? Sacrifício, amor ou paixão? Entrega, dedicação ou luxúria? Prazer ou desprazer (desapego)?

Sentir-se só é o medo da maioria das pessoas. Por isso, elas se juntam, aglomeram-se, apegam-se. Mas, na verdade, elas nascem só e morrem só. Fazem a partida somente consigo mesmas... Cada um só tem a si na verdade. E o que é este *si*?

Essa é a pergunta-chave deste questionamento. Muitos pensam que este *si* é apenas o seu corpo ou o seu nome, sua personalidade, sua profissão.

Quem eu sou? Eu ainda quero aprender algo? Quero aprender sempre fora de mim, mas e sobre mim, o que eu sei? Sei que gosto disso e não gosto daquilo, mas e nas profundezas? Alguém já mergulhou fundo em busca de suas pérolas? Da sua riqueza espiritual inata?

Falou em riqueza espiritual, poucos querem saber... Pensam que, se não der dinheiro, não tem utilidade. Dinheiro é importante sim, mas não é tudo. É a energia, a manifestação do seu pensamento, do seu ser, a realidade interna que manifesta a externa – guarde bem isso no coração.

É você quem atrai a sua realidade com todo o seu ser, não apenas com os pensamentos, mas com tudo o que é. Este tudo envolve conhecer-se. Qual o limite do seu ser? Onde você começa e acaba? Por que isso gera medo? Por que o natural é visto como sobrenatural? Porque o medo é forjado em nossas mentes por um programa errático da mente.

No plano da dualidade, há essa ilusão a ser vencida, que é a base da dualidade, do ego negativo e tudo mais. Todos nós temos de vencer essa dualidade em nós. Deus permitiu isso para a nossa evolução, para que pudéssemos nos conhecer em um nível mais profundo. É um projeto que visa a aprender pelos pares de opostos.

Há um momento em que isso acaba. Em planos superiores de consciência e evolução não é mais assim, só há unidade. Esta unidade é a chave. É o princípio do UM. O triângulo fecha a dualidade. É a descoberta de que, no centro, há Deus, há harmonia.

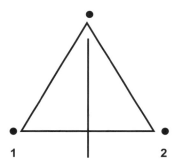

Deus é além do bem e do mal. Deus é o escuro ou o claro? Além do escuro e do claro, há Deus. Ele está além, acima e abaixo. Transcende, eleva, expande a perspectiva.

Esse é o mistério do triângulo, e por hoje é só!

P.S.: O triângulo é a chave para sair da dualidade.

PONTA DE QUARTZO BRANCO QUE SE SOLTOU DA DRUSA

- Aprender a ser conciso.
- Liberdade. Libertar-se de influências limitadoras do passado.
- Encorajar-se a seguir em frente. Acreditar em si. Seguir o seu destino. Ser único.

Eu quis soltar-me para liberar-me. Para seguir o meu destino. Quando vivemos em drusas, somos como uma família. É como se eu tivesse "saído de casa", por assim dizer, atingindo a maturidade. O que posso ensinar-lhe? Convido-lhe a fazer o mesmo; alçar voo rumo à sua independência tão sonhada. Está dentro de você, basta acreditar...

(Então eu perguntei-lhe: "O que posso fazer para me libertar?")

Soltar o apego ao passado, viver plenamente o hoje, acreditar em si mesma, na sua capacidade. Eu posso, eu acredito, eu sou capaz!

O passado serve apenas para ver o que não deu certo – como um mapa traçado por onde já se andou. O futuro serve apenas como uma bússola para direcionar o caminho. Lembre-se que o hoje *é você quem escolhe com todo o seu ser: atitudes, crenças, condicionamentos, pensamentos, sentimentos e emoções.*

*Depoimento pessoal: O mais curioso deste ensinamento é que estava brotando em mim a vontade de me separar de um relacionamento que me fazia mal. Quando percebi que essa ponta estava se soltando da drusa, tive um pensamento: "Se essa ponta se separar, é um sinal para que eu me separe também". E foi o que aconteceu. Tive medo, a princípio, mas fiz um colar simples com essa ponta, e foi assim, com essa coragem, que conquistei a minha tão sonhada independência.

QUARTZO AZUL

• A energia dos Quartzos, em geral, é dinâmica – você sente logo de início. É uma energia mais fria, que se espalha por todos os lados (em todas as direções).

• Energia de expansão curativa. Cura problemas na laringe, rouquidão (cordas vocais) e tireoide. Pode ser usada por pessoas que têm medo de falar o que sentem. Cura também o chakra laríngeo de toda e qualquer agressão verbal (que a pessoa tenha recebido ou realizado). Azul curativo de apaziguamento, bom para evitar discussões verbais e para profissionais que desgastam muito esse chakra, como, por exemplo, professores e cantores, pois alimenta e recarrega as energias do chakra, como se "enchesse o tanque".

- Para encontrar o seu equilíbrio interno. Ficar calmo e em paz diante de qualquer desequilíbrio exterior (em caso de tensão, preocupação ou provocações). Manter-se no seu eixo, centrado.
- Para pessoas que pensam muito antes de falar e acabam suprimindo parte do que iam dizer ou a emoção genuína que surgiu, criando, assim, uma fala artificial. Ajuda a soltar a voz com equilíbrio e harmonia. Para falar com mais propriedade e sem medo. Seria bom o uso com o floral Trumpet Vine, da Califórnia – em casos de gagueira, insegurança para se expressar, tremedeira...
- Ensina que é tranquilo comunicar-se com segurança estando no seu equilíbrio e harmonia interior. Bom para quem tem de resolver conflitos ou falar com pessoas em casos desagradáveis sem perder a postura ou diplomacia (porém, sem falsidade e com respeito).
- Assemelha-se à energia do som **A** (vogal).
- Expressão fluida, equilibrada e verdadeira.

Dica do Quartzo Azul: *Use-me quando quiser falar corretamente, quando precisar preencher-se e apaziguar-se, quando precisar resolver conflitos ou acalmar-se diante deles... Eu sempre o preencherei e fortalecerei, pois esse é o meu dever (dharma).*

QUARTZO BRANCO

Volta a ser criança
Na inocência de um Quartzo Branco

Puro e singelo
Sou transparente
e ingênuo
E gosto de ampliar
tudo ao meu redor
Por isso, cuidado
com o negativo!
Não deixa, não!
Para que eu possa ampliar e aumentar
somente as coisas boas de Deus
Como a paz,
a amizade,
o amor e a harmonia
Viva a cooperação!
Fraternidade e Ausência de Ego,
Eu Sou!

QUARTZO FUMÊ (MAIS TRANSPARENTE)

Quartzo Fumê, que brilho lindo tens!
E me ensinas a ser Luz na Terra
A estar bem ancorada
Com os pés firmes no chão

Dá-me toda a capacidade
de manifestar o Plano Divino
na Terra
e completar a
minha lição
neste plano, que também é tão perfeito!

*Protege-me e guarda o meu Ser
Para que, com
tua energia,
eu incorpore a Consciência Crística
em cada gesto e em cada olhar...*

- Instinto básico, primitivismo.
- Irradiar, pulsar.
- Guardião do tempo. Esconde os mistérios do tempo.
- Força e poder da terra. Enraizar-se na terra. Coragem para alcançar seus objetivos.
- Vai ao âmago do ser... Como um buraco profundo.
- Leva claridade aonde não havia Luz. Ilumina o "sótão" da consciência.
- Para purificar a consciência de erros cometidos, perdoar-se. Livrar-se de culpas e fixações, apegos.
- Proteção natural, de estar em sintonia com o espírito e com sua sombra iluminada.
- Remove os entulhos que não servem mais.
- Estar em paz consigo mesmo em meio aos problemas cotidianos.
- Autocentramento e autodomínio. Arriscar-se menos em relação à vida.
- Força de trabalho. Ordem, progresso.
- Proteção extra contra influências negativas.

Dica do Quartzo Fumê: *Você está disposto a conhecer-se? Ver sua parte não tão legal assim, que precisa transformar-se em Luz para continuar evoluindo para outros estágios de consciência? Esse é o jogo! Ilumine-se onde você não é identificado com a Luz. Pois Luz você já é, mas está identificado com partes ilusórias de si mesmo. Portanto, solte-as no fogo da transmutação e elas reluzirão em ouro. Isso significa transformar chumbo em ouro; o processo alquímico da iluminação. Em quais partes eu ainda não sou Luz? – essa deve ser a pergunta para se trabalhar comigo.*

QUARTZO FUMÊ (MAIS FOSCO)

• Minha primeira impressão ao vê-lo: "adentrar-se na ilusão de si mesmo".

• Energia de transmutação mais forte que a do Quartzo anterior, que possui energia de iluminação mais forte.

• Penetrar na matéria sem perder a identificação espiritual (lição espiritual).

• Enquanto o outro Quartzo ilumina mais a escuridão, este parece condensar-se, e sabe caminhar e aprofundar-se na ilusão a serviço da Luz. Parece que ele caminha através da neblina, enxergando o que os olhos comuns não enxergam.

• Para uma aura muito escura, obscurecida. Boa para quem tem depressão, tristeza, melancolia, luto, tendência suicida etc. Quando você atravessa essa nuvem, consegue chegar ao Sol. O problema dos sintomas descritos acima é que as pessoas nesse estado ficam estacionadas no meio da nuvem, perdidas, sem orientação interior (nesse sentido, seria semelhante ao efeito terapêutico proporcionado pelo floral de Bach: Gorse). O cristal dá um impulso para sair dessa situação compreendendo a sua causa, pois o Sol está dentro da consciência também, e não em algum lugar externo.

• Remete-nos à infância e ao passado, a um tempo perdido no qual está a resposta. É uma dor oculta que a pessoa está negando, rejeitando ou escondendo de si mesma.

• Ensina a voltar e deixar ir, soltar esses apegos à dor e ao sofrimento.

• Desidentificar-se com a dor e com a situação (ilusória). O espírito é livre, nunca é afetado. Isso tudo só acontece na mente da pessoa. É o nível mental. Ele trabalha nesse nível inferior, orientando a pessoa dentro dele.

QUARTZO LEITOSO

- Energia de uma vibração não muito alta (diferente do Quartzo Branco).
- Pelo que sinto da energia, não seria muito indicado para o 7º chakra, pois vibra em um nível mais físico.
- Relaxa qualquer parte do corpo e qualquer tensão, tranquiliza, dá calma e paz.
- Apenas sinto uma sensação de paz voltada para o corpo físico. Alguém cansado depois de um dia de trabalho ou com insônia, por exemplo. A energia vai relaxando.
- Bom para dores, tensão muscular, inflamação, febre (energia vermelha).
- Uma pedra que relaxa e induz à paz.

QUARTZO OLHO DE FALCÃO

Estar alerta
Vigilante
Olhar ao redor
e conhecer seu ambiente

Manter-se distanciado
quando é adequado
Saber proteger-se
e manter-se centrado

estar alerta e vigilante
em relação ao perigo constante
Saber vigiar-se e entregar-se
à fé protetora do Espírito.

- É uma pedra azulada.
- "Sabedoria da meia-noite": estar alerta no escuro. De todos os "Quartzos Olho de...", este é o mais forte como proteção.
- Energia guerreira (Yang), como a de São Jorge, Arcanjo Miguel...
- Trabalha a insegurança. Dá mais firmeza e confiança na sua própria capacidade. Sair vitorioso das situações (batalhas externas ou internas).
- Saber proteger-se de influências nocivas (negativas) do ambiente e também de si mesmo.
- Saber escolher as suas batalhas. Discernimento purificador.
- Para voltar para casa à noite quando se mora em lugares ermos ou perigosos.
- Usar sempre que precisar de uma energia forte de sagacidade e proteção, para estar alerta.

QUARTZO OLHO DE GATO

Olho de Gato
Olho no escuro
Astúcia e Proteção
Cinismo e Presunção
Revelo
E os poderes ocultos
desvelo

*Só posso ser usado
com parcimônia e
discernimento
Para aqueles
que querem
conhecer o escuro e
enxergar dentro do
seu próprio ser
o que ainda não é Luz...*

- Magia, misticismo, ocultismo, psiquismo. Lado sombra.
- Pedra lunar. Trabalha com a noite.
- Boa para proteção; talismã, amuleto contra a "má sorte"...
- Aprendizado do bem e do mal.
- Trabalha na ilusão a serviço da Luz.
- Destreza, astúcia no caminho (usando para o bem, para autodefesa e proteção). Trabalha o cinismo, a falsidade (máscaras)...
- Em um nível inferior, ajuda a deixar a mente alerta para o perigo, sabendo que no mundo existe esse tipo de coisa. Para quem é muito "paz e amor" e nega o mal em si mesmo e no mundo.
- Para aprender a lidar com o lado negro em si mesmo, sabendo, ao mesmo tempo, que você é e não é isso. Transcender a dualidade.
- Equilíbrio entre opostos. Escuridão x Luz.
- Trabalha o ego negativo. Usar este cristal com consciência espiritual.
- Aumenta os dons psíquicos. Não deve ser usado por quem já é muito manipulador (que usa a hipnose para enganar as pessoas, por exemplo), pois acentua essa característica. Bom para as pessoas muito "bobinhas", ingênuas demais, para saber que existe o mal (lembrando que em Deus – na unidade – não existe) mas, que neste plano de dualidade, existe.
- Usar este cristal consciente de seus efeitos. Ele não faz mal e não é do mal, mas sabe usar o mal a serviço do bem. Isso exige muito treinamento da pessoa, sabedoria e discernimento espiritual.

QUARTZO OLHO DE TIGRE

Olho de Tigre
Força do Sol
em comunhão com a Terra

Força, Luz, Garra e Proteção
Pensamento em Ação!

Ensina a ser digno
e a reconhecer
Deus em tudo
que é visível

Lealdade, Humildade e Determinação
Ensina-nos a hombridade
de sermos reis
na Terra,
vendo em nossos irmãos aliados,
também reis...

- Trabalha avareza, luxúria, orgulho, vaidade... Os instintos inferiores em geral, ajudando a superá-los.
- Dignidade, integridade, firmeza. Consciência da Coroa (chakra coronário). Realeza (todos são reis e mestres).
- Capacidade de se "esconder" do perigo (camuflar-se). Astúcia (tática) e rapidez (para alcançar a presa). Usar a pele de leão com sabedoria.
- Ensina a se proteger e se defender. Agressividade positiva, usada para autoafirmar-se. Yang – Sol.
- Ensina a não ser "bonzinho". Lado "fera" em nós. Instinto positivo que nos deixa alerta no corpo, com vivacidade.

- Força pessoal para vencer os obstáculos.
- Tigre – não se deixar afetar pelo orgulho e vaidade. Ver todos e tudo como Deus. Humildade.
- Autodominar-se. Dominar sua fera interior (carta 11 do Tarô: "A Força").
- Traz brilho às várias facetas da personalidade.

QUARTZO ROSA

Quartzo Rosa
Puro Amor
Imaculado de
Nossa Senhora!
Traz a paz, a serenidade,
o puro Amor incondicional.

Dissolve as mágoas
Limpa meu coração
Ensina-me a perdoar
Ama-me e me
faz amar!

Acalma minhas emoções
para que eu tenha autodomínio
e me fortaleça
na pura essência do Amor Divino
Puro Amor, Prema...

- Amor, suavidade, compaixão, perdão, alegria, bem viver (bem-estar), saúde. O não julgamento, a não violência, a paz em ação. Amor incondicional: sua lição principal.

- Ensina a ver com os olhos do bem, do amor e da compaixão (não é um bem de ser bonzinho, e sim de ser amoroso de verdade!).
- Avó sábia que dá carinho e alento.
- Trabalha no nível emocional, amenizando a dor com amor incondicional (sua cura é essa). Alimentar o amor em todas as situações, mesmo quando é difícil perdoar.
- Para superar dores emocionais e traumas do passado.
- Rejeição, abandono, infelicidade no lar ou no casamento (ou relacionamento). Para quem foi traído e se sente humilhado, magoado, desprezado, triste, sem alegria de viver...
- Para crianças com intranquilidade noturna.
- Conexão do coração e umbigo (o cuidar de si mesmo, de sua criança interna). Autoestima incondicional.
- Usá-la com sabedoria (para não ficar "preso" nesse nível emocional).
- Equilibrá-la com pedras verdes. Quando quiser uma cura mais forte, usar só as pedras rosas.
- Torna-nos sensíveis e emotivos. Estar preparado para lidar com as emoções, sensibilidade aflorada e lágrimas. Deixa a pessoa mais leve e tranquila.

Dica do Quartzo Rosa: *Cuide de si mesmo com carinho! Perdoe as mágoas, liberte o coração! Aumente o amor, expanda a compaixão! Aprenda a gostar de si mesmo É o começo de uma nova vida!*

QUARTZO RUTILADO

Raios na Terra.
Manifestação em ação.
Eu sou o Um.

- O Quartzo possui uma energia dinâmica de cura; é a própria força da Terra. O Rutilo é um raio de manifestação (atração). Por isso, repele qualquer interferência energética.
- Os Rutilos são energias marcantes de vida, força. É um cristal que possui uma sabedoria xamânica, assim como o Ônix e a Malaquita.
- Objetividade, praticidade. Ajuda a tornar-se mais conciso e prático nos deveres diários, proporciona energia extra para realizá-los.
- Para manter-se alinhado com a meta. Focar na unidade e no propósito daquilo que está buscando manifestar.
- Cura de enxaquecas e doenças que geram estagnação, energia bloqueada. Os raios do Rutilo vão abrindo caminho, como um fluxo contínuo de energia. Ajuda a interromper qualquer influência obsessora.
- Favorece o tratamento do câncer e a produção de leucócitos no sangue.
- Estimula a linfa. Ativa, estimula e "acorda" os chakras. Desperta do estado sonambúlico de transe profundo. Deixa a pessoa ligada.
- Força extra para se dominar. Ancorar na Terra altos ideais. Manifestar seus dons inatos. Colocar-se a serviço do Eu Maior.
- Cria uma conexão e um elo com o *Aumakua* (espírito parental – Eu Superior). Trabalho em equipe/visão do Todo (dá uma perspectiva global).

QUARTZO TURMALINADO

- Desbloqueia (efeito da Turmalina) e cura (efeito do Quartzo).
- Equilíbrio dos opostos.
- Firmeza. Ser mais firme consigo mesmo.

Dica do Quartzo Turmalinado: *Na claridade do Quartzo Branco, eu pego o bastão de Turmalina e me defendo.* (visualizei-me dentro do cristal fazendo exatamente isso). *Sou a guerreira da Paz, defensora do Amor. Eu própria me defendo com minha consciência clareada (Quartzo) de tudo aquilo em mim que não é Luz (Turmalina).*

QUARTZO VERDE

*Verde curativo
Das matas lá vem
É o Quartzo Verde
que nos traz do além...*

*Ervas, plantas
A medicina da floresta
Ele vem para alegrar
a nossa festa*

*Harmoniza e suaviza
o coração maltratado
Alivia e equilibra
Para que você se sinta confortado
Os segredos da floresta
para poder penetrar
tem de ser muito humilde
e saber o seu lugar*

*É preciso um juramento
e saber ser
bem humilde
para conhecer*

*esta beleza
que por Deus foi consagrada*

- Energia de conforto e amparo, segurança, estar protegido.
- Empatia, abundância, bem viver, prosperidade, felicidade, alegria, equilíbrio, harmonia.
- Conduz a Luz do espírito à matéria.
- "Boa sorte" – leveza (pedra leve).
- Sabedoria das plantas.
- Energia de "pulsar". Trata qualquer região física. Fortalece o coração. Boa para distúrbios físicos. Regeneração e cura – vitalidade.

QUARTZO VERDE (2ª MEDITAÇÃO)

- Curadora!
- Conecta-nos à Natureza – ao viver simples e natural.
- Ervas, plantas, seres das matas...
- Energia suave, equilibradora, com uma frequência não muito alta. Vibra mais no nível físico.
- Força curativa de harmonia. Boa para ansiedade, pois harmoniza, como se suavizasse.
- As pedras verdes trabalham muito o valor da verdade – é como eu sinto – e um pouco da energia do 5º Raio (das Ciências/da Medicina).
- Auxilia na ligação com a família terrestre. Viver em harmonia com outras pessoas.
- Sinto a energia dela ligada à Medicina, à Natureza, às plantas, ao equilíbrio e à harmonia.

P.S.: Ao final da meditação, o Quartzo Verde revelou alguns "segredos" das plantas:

As plantas são seres que auxiliam a evolução humana, são os remédios verdadeiros para os males físicos.

Este cristal ensina a lidar com esse reino. É útil para pessoas que trabalham com Fitoterapia, Botânica etc.

Dica do Quartzo Verde: *Está na hora de cuidar do seu corpo. Alimentar-se bem. Comer mais frutas e vegetais. Pegar Sol pela manhã. Entrar em equilíbrio com a Natureza. Respirar ar puro. Colocar os pés no chão e sentir o contato com a Terra. Somos parte deste organismo sagrado: Gaya – a Mãe Doadora de Vida.*

RODOCROSITA

Rodocrosita,
rosa-pêssego!
Pura essência do
Amor Divino
Dissolve meus traumas
Libera-me das tensões
Acalma o meu espírito
Tranquiliza o
meu coração
Sou um receptáculo
do teu Amor
Ensina-me a compartilhar o Amor
e a serviço estar
Ampliando a caridade
Repartindo o pão
Espargindo compaixão
para o próximo, como a mim mesma

Sou fraterna e leal
Obrigada pela tua bênção!

- Descontração, desprendimento. Não levar as coisas tão a sério. Bom humor. Presença de espírito. Alto astral, simpatia. Positividade. Boa vontade com os demais.
- Espírito de serviço (caridade). Generosidade, empatia. Amor livre de apego, incondicional. Amizades. Carinho nos relacionamentos.
- Libertar-se das influências alheias. Seguir seu próprio caminho, sem medo, feliz. Desapego em relação aos outros.
- Lembrei-me da música "Alegria, alegria" de Caetano Veloso: *"sem lenço e sem documento, eu vou"*.
- Abastece o coração de amor e vontade de celebrar a vida, como um dia ensolarado de verão na praia, uma felicidade sem fim... Gratidão a Deus pela vida. Boa para desgostos emocionais, amargura.
- Sensação de "férias", de descanso e bem-estar. Para quem está muito exausto com o trabalho, estressado, de mau humor e fechado para a vida.
- Pedra doce, suave e alegre. Como se dissesse: *Deixe isso para trás... Seja feliz hoje! Vamos viver e ser felizes!*
- Sensação de que está tudo bem, a mente que cria confusões onde não há. Para pessoas hipocondríacas, pessimistas, que se acham vítimas e que gostam de sofrer.
- Para brincar e se divertir com as coisas simples da vida. Olhar despreocupado de uma criança.
- Boa para quem tem excesso de responsabilidade e de identificação com a mente racional. Para quem é *workaholic* (que trabalha em excesso, semelhante ao efeito terapêutico proporcionado pelo floral de Bach: Oak).

Dica da Rodocrosita: *Descanse e seja feliz! Aproveite a vida hoje!*

RODONITA

Rodonita
Sabe usar o Amor
aliado ao Poder
Cura as carências
e apegos emocionais

Traz felicidade e
bem-estar ao dia a dia

Sabe pisar bem mansinho no chão
Escutando o coração!

Presta atenção aos conselhos ouvidos
e sabe dizer: "Não!"

Apoia e segura quando necessário
Ensinando a liderança
Acompanhada do amor...
[Amor + Força = RODONITA]

- Equilíbrio entre amor e poder.
- Dissolve os medos com a presença do amor.
- Ajuda a ver a beleza nas pequenas coisas.
- Amar o corpo físico como a Casa do Senhor, o Templo de Deus Vivo. Aumenta a autoestima. Ensina que o corpo é belo (para quem não está satisfeito com seu peso ou se acha feio) e que o material é espiritual.
- Para curar vícios (carência emocional), relacionamentos codependentes e o coração ferido – suas cicatrizes e chagas. Alimenta e nutre a alma.

- Boa para problemas de diabetes e para pessoas carentes que se "entopem" de doces.
- Doçura nas pequenas ações diárias (para pessoas muito ásperas).
- Expressar o amor em ação. Quebrar o "gelo" dos relacionamentos.
- Manifestar o virtuoso na Terra.

RUBI

Rubi, poder em forma de pedra
Ensina a autoridade
a sair vitoriosa na Justiça!

Levanta a cabeça
e assume a tua majestade
de ser filho do Criador
Rei do Universo!

Eleva a compaixão
Devoção em ação
Transmuta os padrões inferiores
de quem andou por caminhos tortuosos
antes de chegar à Luz...

Purifica o sangue
e eleva a energia Kundalini

Eleva-me também
E que eu saiba
usar bem a minha força!

Rubi
Força na Terra
Sangue purificado
que corre nas veias
Lembrando-me de que sou viva!

E habito um corpo físico
que precisa de cuidados
Piso no chão com firmeza
e sou bem destemida

Ajo quando tenho de agir
Sem preguiça ou procrastinação
Sou a Força em ação
Venço a luxúria
e dou a razão
à devoção e lealdade

Amém!

- Só de observá-la: uma pedra real, nobre, fina.
- Energia destemida, desconhece o medo.
- Ousadia, coragem, força e vigor para cumprir sua missão na Terra e para vencer qualquer situação com desapego e garra.
- Autoconfiança, autoestima, dignidade, integridade, hombridade, honestidade, caráter (cumprir com a palavra dada).
- Ensina a assumir o seu poder pessoal sem medo.
- Transmuta padrões inferiores, como gula, luxúria...
- Força de virilidade masculina. Boa para impotência (como a Granada).
- Convoca à ação. Sair da inércia (mental, inclusive). Dá um chega para lá no marasmo, na procrastinação, em toda energia *thamásica* (sonolenta). Xô, preguiça!

- Boa para pessoas que praticam exercícios físicos, como maratonistas (força extra), e que desejam obter um melhor rendimento. Para esportistas em competição, é boa para estimular o espírito de vitória.
- Eleva a Kundalini.
- O Rubi representa o 1º chakra funcionando em perfeito equilíbrio: boa conexão com a Terra e resolução na vida nas questões materiais.
- Chuva de bênçãos materiais. Quem já é muito materialista deve ter cuidado – usar Quartzo Fumê nesses casos.
- Bem semelhante à Granada. A diferença é que o Rubi age em um nível superior, em um padrão de consciência mais elevado (como uma oitava superior, assim como a Morganita age numa oitava superior do Quartzo Rosa).
- Para lidar com a questão da autoridade e da liderança.
- Ensina pais ou chefes que se impõem através do medo e da dominação (semelhante ao efeito terapêutico do floral de Bach: Vine) a serem mais maleáveis e flexíveis com as situações.

P.S.: Com ouso excessivo deste cristal, corre-se o risco de ficar muito no lado da força e esquecer o lado "doce", amoroso e materno. Busque o equilíbrio. Pode-se ficar "engessado e rígido" – claro, se a pessoa já for propensa a esse estado. Ao mesmo tempo, potencializa o lado dominador, para ser purificado e percebido.

Dica do Rubi: *Um espírito vitorioso é diferente de quem "canta vitória antes da hora". Um sentimento de vitória é uma confiança em si mesmo e na sua potencialidade divina de vencer. É uma fé em si mesmo e uma confiança no Poder Superior (Maior).*

RUBI NA ZOISITA

- Pedra forte, intensa (fogo). Yang.
- Energia da floresta. Trabalha os instintos mais selvagens.
- Sabedoria da selva: sobrevivência em primeiro lugar.
- Força indígena de luta. Sabedoria do cocar (do livro: *As Cartas do Caminho Sagrado*, de Jamie Sans).
- Para ser mais enérgico em determinadas situações e consigo mesmo. Saber colocar-se limite. Firmeza necessária para seguir viagem.
- Vencer a estagnação e a preguiça. Para quem está acomodado no conforto da sua vida, sem aventurar-se no caminho espiritual ou sem avançar em seu processo de autoconhecimento.
- Assenhorear-se de si mesmo. Estar disposto a entrar na luta e vencer. Coragem!
- Saber guerrear com o coração.
- Assumir o seu papel com garra e vigor. Fazer o que tem de ser feito, sem ser bonzinho ou querer agradar os outros. Seguir a própria consciência (Vontade Superior) e ser firme para realizá-la.
- Indicada para quando se está atravessando momentos de duras provas (físicas, emocionais ou mentais) e é preciso estar a postos para o combate.

"Entrei numa batalha
Vi meu povo esmorecer
Temos que vencer
Com o poder do Senhor Deus..."
(Hino do Mestre Irineu, do Santo Daime)

Quando Arjuna teve medo de enfrentar a batalha e Krishna lhe disse, na Bhagavad Gita: *"Levanta-te e lute! Essa autopiedade não é digna do homem que és."*

SAFIRA

Safira, com seu brilho cor de céu
Lembra-me
a sabedoria
esquecida na memória
Relembrando a Verdade Divina
de ser, eu,
Um com o Criador!

És beleza e resplendor!
És luz no fim do túnel
A esperança
Estrela matutina
que guia o peregrino rumo
ao Sol da Manhã...

- Dá a capacidade de ser quem você é em seu mais alto e pleno potencial. Saber ocupar o seu papel sem ego ou vaidade.
- Sabedoria e majestade divinas. Manifestar a maestria. Deixar-se conduzir pela sabedoria do espírito. Alto e nobre ideal.

SAFIRA ROXA

- Conecta com o céu estelar, com a sabedoria de outras dimensões mais elevadas.
- Energia em crescente (em direção ao alto), como se elevasse, mostrando o que vem além...

- Especialidades de cura.
- Alta magia – "A Sacerdotisa" (carta 2 do Tarô).
- Pureza, castidade. Pedra com os aspectos dos signos de Virgem e Libra.
- Ensina a incorporar o silêncio em sua vida diária.
- Paz indescritível. Reflexão. Refinamento, centramento, equilíbrio interior. Ajustamento mental; é como se trouxesse para o meio, o ponto de equilíbrio, o Tao. Para os que "saíram da linha" do seu equilíbrio interno.
- Proporciona uma certa frieza e distanciamento (emocional) das situações. Ajuda a ver as situações com sutileza e uma calma impressionante.
- Não é apática, é celestial, nobre como um rei humilde (sem falsa modéstia).
- Aprender a ver a beleza em cada lugar e em si mesmo. Descobrir seus dons inatos.
- Palavras-chave: beleza – realeza – nobreza – elevação – expansão.

Dica da Safira Roxa: *Sei ser elegante, sei do meu poder! Mas não me envaideço, pois sei que posso perdê-lo.*

Os dons e talentos são concedidos por Deus. Posso ter poder, desde que não me considere a sua fonte, e sim seu receptáculo. Posso ser belo, desde que não me envaideça e me torne arrogante. Posso ser nobre, desde que não rebaixe os outros ou me perca da consciência em ilusões como "status social", arrogância (para quem vive esses conflitos).

Está na hora de ir embora! Agradeço por toda a sabedoria que foi transmitida...

SELENITA

Selenita!
De uma pureza profunda
Risca com
seus mistérios
as profundezas
de minh'alma

Revela o escondido
e eleva ao
Ser Supremo

És um espelho límpido
onde me vejo
e reconheço!

Brilha com tua
Luz perfeita
e sê a ponte
para reinos desconhecidos
(porém, já revelados)

Cruza o umbral,
a sombra e a escuridão
com sua Luz perfeita e divinal!

SELENITA LARANJA

Há uma beleza
além do olhar

*Algo que está
para se transformar
Está dentro de você
Basta buscar e "ver"*

*Essa essência
é do espírito
que traz alegria e Luz
Harmonia, paz, leveza
são as qualidades que a Selenita Laranja traz*

*É preciso ter carinho
com essa delicadeza de pedra
Não molhá-la e não expô-la a
efeitos "fortes"
Saber apreciá-la
para recomendá-la*

*Sua sintonia é
muito fina
É do nível espiritual
Alinhando-nos com
a alegria
Ela traz o seu
poder divinal*

Elevo a frequência para a alegria. Cuido do passado triste, para que ele seja varrido (pelas estrias). Aumento a sensibilidade e o amor pela vida.

É uma sensação muito boa "estar" dentro dela, uma leveza e elevação de espírito. Todas as estrias conduzem a energia para cima, dando a sensação de elevar-se. Chakra: livre

Ao final da meditação, perguntei: "Só?" Daí, veio-me:

A sabedoria é simples... Pode ser uma palavra, uma frase, uma imagem... Não mais do que isso, e já é suficiente para se aprofundar, para mergulhar em si. Lembre da simplicidade dos Mestres que ensinam muito com pouco. O resto é teoria (blá-blá-blá...).

Om!

Depoimento pessoal: Aproveitando o ensejo deste último ensinamento, certa vez fiz a experiência de meditar com uma drusa de Quartzo Branco que estava a uma distância razoável de mim. Concentrei-me nela e busquei receber algum ensinamento. Veio apenas esta simples, mas profunda frase: *Em tudo há claridade, basta saber olhar...*

Refleti a semana toda! E, quando a releio, ainda reflito.

SELENITA ROSA DO DESERTO

- Energia elevada, alta, espiritual. 6º ou 7º chakra.
- Ajuda a lidar com várias circunstâncias/situações ao mesmo tempo.
- Sensibilidade aflorada. Refinamento interior. Centramento/equilíbrio. Singularidade.
- Para saber aonde quer chegar.

SELENITA ROSA DO DESERTO (2ª meditação)

- Talismã de boa sorte.
- Desabrochar espiritual.

- Fluidez/limpeza da mente.
- Pureza, leveza e suavidade.
- Revela talentos desconhecidos.
- Sabedoria: revelar.
- Para energizá-la: deixar sobre uma drusa.

SERPENTINA

- Parece uma roupa camuflada, totalmente opaca e macia (porém, firme). Lembra um pouco uma cobra.
- Energia mais para fria, depois forte e pulsante. Sintonia guerreira.
- Autoconfiança, coragem. Enfrentar os obstáculos/desafios. Confiança na vida. Iniciativa. Força de vontade e de ação.
- Força combativa para lidar com a ilusão.
- Boa para o plexo solar, para instilar coragem, senso de luta e proteção.
- Saber qual é o seu objetivo e manter-se focado.
- O verde-claro ajuda a clarear a mente.
- Um pouco de força selvagem da Natureza.

SODALITA

Sodalita, azul intenso
Que mistérios me traz?
Desvenda a
minha mente

*Aclara o meu intelecto
Traz-me percepção
e me ensina a razão
Faz-me entender o sentido de viver
Para que eu saiba, assim,
estar em
perfeita Unidade
com o meu Espírito
Pai de toda Criação!*

- Aprofunda.
- Trabalha o discernimento.

Dica da Sodalita: *Quando perguntei mentalmente o que ela tinha para me ensinar, veio este ensinamento: O que você quer aprender além de si mesmo? Não existe nada fora de você. Tudo é uma ilusão da mente, maya, criada para satisfazer seus sentidos, para lhe dar a noção de que você existe neste plano material, que é pura essência, ideia e pensamento concretizado. Por isso, atente para a qualidade dos seus pensamentos. Não diga algo errado sem antes pensar por que está dizendo aquilo. Pense primeiro e depois fale, sem deixar a emoção agir – o impulso que vem e toma conta quando você não toma as rédeas da situação. Preste atenção à qualidade dos seus pensamentos, pois assim como desejar, assim é!*

Vá com calma aos reinos espirituais. Esteja imbuído de proteção e um intelecto claro, a fim de discernir a verdade da ilusão, o real do irreal... Raciocine! Saia desse emocional e pense um pouco. Se distancie, seja objetivo. Olhe de forma imparcial. Seja racional. Para clarear as "miragens" e fantasias do caminho. Para ter uma visão clara e limpa de si mesmo. Para chegar ao âmago do eu.

Escute com atenção o que vou lhe dizer: tudo já está dentro de você. Basta você perceber. Você é o jardineiro. Seus pensamentos são a semente. Você sabe o que planta? Ou só percebe o que plantou quando colhe?

Semeie bons pensamentos e cultive bons hábitos. Para chegar à Luz espiritual, é preciso dominar os pensamentos, e o primeiro passo é aprender a identificá-los e purificá-los. Troque de pensamento quando vier algo ruim. É bem simples! Vamos praticar?

SUGILITA

*Sendo gentil,
sabes apreciar
Agradas ao olhar e
belo é o sentir...*

*Transforma
sonhos ruins em
néctar de flor
Dissolve as barreiras e
revela o esplendor*

*Sugilita!
Traz à tona
o medo oculto
(o escuro) e
transmuta com seu Fogo Violeta!*

*És tanto lá quanto cá
Conheces
a terra e o céu
e transitas bem
pelos mundos*

*Vem ajudar aqueles que sofrem de
insônia terrível!*

E medos profundos...
Distúrbios da mente
que andou
pelo obscuro

Resgata e liberta, com
seu poder dissolvente
Dissolvendo e fazendo a alquimia
de transformar pranto em melodia

- Ajuda a conhecer a sua verdade interna. Ter a coragem de revelar-se, abrir-se, conhecer-se, desvelar-se...
- Abrir mão dos preconceitos, dos medos (autoimpostos).
- Mergulho no inconsciente profundo em busca de respostas para antigas dores (da alma). Querer aprofundar-se no seu autoconhecimento.
- Boa para quem se sente desmotivado.

*Depoimento pessoal: A partir deste ponto da meditação, vieram grandes *insights* e curas em relação ao meu processo de autoconhecimento. Em um momento, sua mensagem foi: *Então por que você não vai até o fim do jogo em vez de desistir? Autoconfiança! Erga-se e lute!*

Ao final, veio-me esta pergunta: *Qual é o seu medo mais profundo?*

A Sugilita é um cristal muito misterioso que não se mostra facilmente... Ainda tenho muito a aprender com ele e comigo mesma!

Dica da Sugilita: *Abra mão dos medos, dos preconceitos. Liberte sua mente e regenere seus pensamentos. Descubra o que está por trás das desarmonias geradas, o que as causou, a origem... Transmute a sua vida em Luz, e deixe o resplendor da vida renascer em você.*

TECTITA

- Energia forte, não usar por muito tempo.
- São rochas que sofreram o impacto de meteoros e, por isso, derreteram, misturaram-se e transformaram-se em uma só.
- Traz a energia dos povos estelares e da missão de união com a Terra.
- Cria integração, elo, fundição. Assim como o meteoro fundiu-se à rocha da Terra.
- As Tectitas (a Moldavita também poderia ser incluída) ancoram esse padrão de unidade com o sistema solar e a galáxia. O sentimento de pertencermos a uma comunidade universal. Boa para meditações em grupo, para criar o sentimento de unidade, de pertencer ao Todo.
- Traz a mensagem de paz para os povos. Também ajuda os seres que vieram de outros mundos a criarem raízes na Terra (semelhante ao efeito terapêutico do floral da Califórnia: Shooting Star), trazendo a consciência e a sabedoria de que nossa missão é aqui e agora.
- Somos cidadãos do mundo; a Terra é o nosso planeta. Ela nos acolheu como nossa casa, e temos o dever de cuidá-la (assim como cuidamos do nosso lar físico). Carregue esta pedra consigo até esse sentimento permanecer.
- Também trabalha traumas que tenham como base o medo e a devastação, que retiram o senso do eu (semelhante ao efeito terapêutico proporcionado pelo floral da Califórina: Echinacea), de forma a resgatar e conciliar fragmentos perdidos da alma ou unir personalidades fragmentadas (indicada para trabalhos de resgate da alma).
- Apaziguadora da mente. Boa para pessoas que têm fobia social e medo de se expor ao público (falar em apresentações etc.). Remove o temor (inclusive noturno).

- Desperta o seu dom divino. Energia de ressurreição, como a Fênix.
- Ajuda a ancorar a missão na Terra.
- Traz claridade para a solução de problemas.

TEMPLO DÉVICO (ARCO-ÍRIS FUMÊ)

Há muito mais a ser descoberto
Em seu interior, há mundos
como os nossos...
Mundos a serem descobertos
Desvelados
Pela pureza do seu ser
Você encontra a paz
onde ela não pode ser encontrada

A paz é um estado interno
Nunca a encontrará fora!
O que só existe dentro
é um estado mental
de quietude e alinhamento com o Divino

Há riqueza em tudo que procura
A riqueza da vida é a própria abundância da Natureza
O milagre da Vida!
Que se faz (por si mesma)
a cada segundo...

Deus é o Grande Maestro
que orquestra toda a perfeição
Nosso coração bate involuntariamente
Já pararam para perceber isso?

É o nosso tic-tac natural
O ritmo e fluxo da vida
que insiste em crescer, evoluir
e chegar ao seu destino
Ao Um, ao início,
do qual nunca saiu

Existir na eternidade
é como um raio de Luz
que irradia e vibra
na mesma frequência de unidade e amor
Conectada à sua fonte,
de onde é emanada,
ela não perde sua consciência
e, ao mesmo tempo, não é um ser individualizado

É a sabedoria inata
de cada ser vivo
que converge ao Um
Infinito
Eternidade
Amém!

- Sabedoria do arco-íris: Luz depois da escuridão, sorriso depois da lágrima, paz após uma tormenta (emocional/mental).
- O Fumê altera o estado de consciência das trevas para a Luz. Ilumina dentro da escuridão, dissolvendo os padrões negativos. Bom para consciência de massa/densidade.
- Acolhimento, segurança, pés firmes no chão.
- Sentir-se seguro em casa, na Terra (é a grande lição do Quartzo, no geral), uma sensação de pertencer à Terra.
- Estar enraizado e conectado espiritualmente (Luz do Quartzo Branco do 7º chakra que se infiltrou na terra: antena que capta as energias divinas para a terra).

- As pessoas podem até pensar que é o estado externo que reflete o interno, mas é o contrário! Seu estado interno reflete o externo e vice-versa. Porém, primeiro é dentro, depois, fora. Como uma semente cuja casca precisa romper-se para nascer e trazer à tona o ser.

TOPÁZIO AZUL

- A energia parece de uma pessoa mais velha, sábia, com muitas experiências e ensinamentos para compartilhar...
- Calma absoluta, paz, entendimento. Estar sereno, em paz no silêncio interior.
- Unidade, estar além das aparências e da superficialidade. Limpidez, caráter sem falhas, pureza.
- EU SOU! Presença de Deus.
- Ternura, brandura, amizade, carinho, sutileza...
- Resgatar a sua criança interna do sofrimento (para situações na infância também de sofrimento). Trabalha bem com o passado. Resgate kármico.
- Educação. Comedimento. Para pessoas que falam muito. Saber expressar-se com carinho e verdade.
- Ensina sobre o respeito. Seriedade e equilíbrio, sem ser sisudo (contudo, mais respeitoso, maduro e harmonioso). Saber respeitar-se e encontrar o seu valor.

TOPÁZIO AZUL (2ª meditação)

- Serenidade, maturidade. Energia mais velha.
- Espelho para o passado, olhando-o com clareza.

- Respeito, disciplina, centramento.
- Seriedade (sem ser chato). Caráter. Lucidez. Ponderar sobre o que fala, sem ser impulsivo nas palavras.
- Cura de enfermidades vocais: amigdalite, tensão muscular nas cordas vocais.

TOPÁZIO IMPERIAL (AMARELO)

Com um brilho amarelo-dourado
Conecta-nos com o Sol
Força de Luz em nosso sistema estelar
Eleva-nos a uma visão maior de Consciência,
de nós mesmos, em primeiro lugar!

Dá acesso à
sabedoria inata,
ao frescor de uma manhã ensolarada,
que aquece a terra orvalhada e
refresca a nossa mente por igual!

És condutora ao
Eu Superior
Eu Divino
Que já sabe de tudo
Que já é puro e livre
do medo
Que desconhece o ego e que vive no
presente – eterno
EU SOU.

- Eleva a frequência rapidamente. Alinha a postura vertebral. Para alinhar-se com o Eu Superior.

- Planeta: Júpiter.
- Manter-se unido e fiel a si mesmo, à palavra dada. Coerência em todos os níveis. Agir com sabedoria e discernimento do espírito.
- Aprender a irradiar sua Luz interna sem medo (para os tímidos ou retraídos). Assumir seu poder pessoal.
- Felicidade interior, paz, harmonia e alegria espirituais. Força solar, Sol na consciência. Força, segurança interna, autoconfiança, equilíbrio. Efeito terapêutico semelhante ao floral de Bach: Mustard.
- Dissipar as trevas do pensamento (escuridão interior). Espanta o mal com a Luz. Para melancolia, morbidez. Não há motivo real para a tristeza. A tristeza SEMPRE é uma ilusão da mente, criada na mente e sustentada pela mente. Não tem nenhum propósito em si, é apenas um programa falho, um erro, um vírus no "computador".
- Elixir para a depressão.
- Para quem tem muitas dúvidas. A dúvida é meio Luz e meio sombra (meio verdade e meio ilusão). Com a Luz do Topázio, a parte meio sombra se ilumina e se torna pura Luz, a verdade se revela.
- 12º Raio Dourado: energia de Luz crística. Transformar vícios em virtudes.

Dica do Topázio Imperial: *Tenha consciência de que Tudo já lhe pertence. A riqueza já é minha, pois sou um filho de Deus. Tudo que Deus é, EU SOU!*

TOPÁZIO IMPERIAL (LARANJA)

- Energia crescente, de rápida elevação.
- Manter-se aprumado, alinhar a coluna (muito semelhante ao Topázio Amarelo nesse sentido).
- 5º Raio: Ciência (e Sabedoria). Digestão/assimilação.
- Instila coragem, força. Sentido de autoconfiança (em casos

de vergonha, timidez...). Calor no sangue. Dinamismo. Ser vibrante. Ânimo, bom humor.

- Ter coragem para viver. Força de vontade e garra. 2º e 3º chakras.
- Energia para a ação. AGIR!

TURMALINA AZUL

- Energia que sobe e eleva a frequência rapidamente (já percebi que, em geral, as pedras estriadas têm essa característica).
- Autoconfiança para expressar-se. Beleza na voz, soltar o que está preso. Libera o coração. Desbloqueia. Ajuda a expressar-se com consciência e clareza. Fala livre, fluida, sem medo... Acreditar na sua capacidade. Falar em público. Para quem usa a voz como profissão.
- Para quem tem muita energia de medo (na região da garganta), nervosismo, tensão etc.
- Ela não acalma, e, sim, libera. Por liberar é que dá a sensação de calma e tranquilidade, como se "expulsasse" o que estava dando a sensação de mal-estar.

TURMALINA NEGRA

Turmalina Negra, proteção me dás
Conforto e amparo,
contato com a Terra
Mãe Gaya,
minha Protetora
Que me nutre com tua seiva,

*tuas águas,
teu alimento, abundância!*

*Leva embora de mim
tudo aquilo que não serve mais à missão
Faz de mim
apenas um
ser puro e consciente,
com as ferramentas necessárias
para transcender e evoluir*

*Também sou Negra, como a Noite
Incorporo a dualidade em mim
e me fundo com o Ser - UM*

- Desbloqueia o chakra e o preenche de Luz.
- Equilíbrio, estar centrado e enraizado. Consciência desperta. Alinha a coluna vertebral. Irradia Luz.
- Mistério.
- Aprender a lidar com o medo (o escuro). Repele a negatividade (pelas estrias).

TURMALINA NEGRA (2ª meditação)

- Multidimensional. Ensina que o plano físico é um reflexo dos níveis superiores (em geral, as pedras multidimensionais trabalham essa consciência).
- A energia da Turmalina lembra muito um guerreiro espiritual.
- Repele energias negativas – isso é o principal! A energia passa por ela como se fosse uma pista de Fórmula 1 (alta frequência/

velocidade). Como um jato de Luz nas duas direções – é potencializada e sai pelo outro lado. Boa para elevar a energia do chakra.

- A Turmalina de cor preta ajuda a ancorar uma consciência superior neste nível físico de realidade. Como uma pessoa "acordada" no meio da escuridão. Ser um mestre no nível físico. Ser "faixa preta".
- Bom senso e equilíbrio. Agir de acordo com a consciência do que sabe ser o correto. Pedra *dhármica* (retidão, ação correta).
- Ancora uma nova forma de viver e agir na Terra.
- Mudança de padrões de hábitos nocivos, como fumar, por exemplo, comer por comer, roer unha etc.
- Boa para a ansiedade que se manifesta fisicamente por meio de tiques nervosos, pernas tremendo, gagueira, tremedeira, qualquer falta de controle corporal.
- Para pessoas muito voltadas ao materialismo excessivo, apego à matéria, sexualidade desenfreada, sem conexão espiritual.
- Elimina aquilo que não é mais útil à evolução. Energia de desapego.
- Tornar-se responsável pelo seu próprio sustento, por manifestar uma vida melhor na Terra, e proporcionar condições para isso.
- A proteção (que comumente é associada a este cristal) é decorrente da energia superior ancorada e do fato de ela repelir como uma espada.
- Renúncia voluntária ao ego negativo, aos níveis inferiores.
- Expandir os horizontes com a consciência do Todo, da Unidade, da Filiação Divina, da Conexão com o Pai (como a história do filho pródigo, ensinada pelo Mestre Jesus).
- Lembrei-me da Energia "Jedi" (do filme "Guerra nas Estrelas"), ser um mestre espiritual na Terra.
- Levar-se mais a sério, com responsabilidade (nesse caso, seria boa com o Quartzo Fumê e o Ônix).
- Trabalho como serviço a Deus, e não como obrigação.
- Alinhar-se com seu Eu Superior e encontrar sua peça no quebra-cabeça divino. Conhecer o seu lugar, o seu ponto de equilíbrio. Manifestar sua missão na Terra.

Dica da Turmalina Negra: *Proteja-se do mal, das energias negativas. O mal pode vir através dos próprios pensamentos de medo, inveja, orgulho, ódio, rancor... É preciso repelir para longe qualquer indício de egoísmo. Seja um guerreiro da Luz! Vigie seus pensamentos e seu coração, e deixe apenas o Amor ser o Rei da sua vida. Força, garra, poder e Luz!*

TURMALINA ROSA

*Rosa és, Turmalina
Que abre o coração
e liberta o passado*

*Apaga os bloqueios
Dissolve as crenças passadas
Dilui no seu
néctar divino,
potente e forte – amoroso!*

*Atinge o âmago do ser
e cura o "ranço" do coração sofrido
que se fechou para não mais doer...*

*Engano! É abrindo
o coração
que podes voltar
a sorrir!*

*Libertando e entregando a dor
à Turmalina (e fazendo a sua parte)
podes já começar
a sentir novamente o amor!*

Renovo o coração cansado
daquele que cansou de sofrer
Dou alívio ao angustiado
e paz ao irmão necessitado
Vigio a calma no olhar
e a brandura do coração

Quando se quer limpar o coração
das impurezas da alma,
de paixões inferiores ou
sentimentos ruins...

Aproveite minha energia
para renovar com entrega
Respeite o livre-arbítrio
e aproveite o momento
Eterno aqui e agora
que EU SOU

• Só de olhar para ela, me dá a sensação de abrir o coração para o amor.
• Energia de limpeza e renovação, como se estivesse varrendo o coração. Varrer e limpar para a Luz poder brilhar. Abre e limpa o cardíaco. Renovação interior.
• Sensação de segurança e proteção (para o chakra cardíaco).
• Força do amor, harmonia cósmica.
• Vivenciar a unidade na diversidade. Espírito de solidariedade e de equipe. Dar as mãos em momentos de apuro.
• Ísis, a Grande Mãe/maternidade.
• Compaixão, amizade, carinho, ternura, doçura. Amor, suavidade, brandura e paz.
• Amor em ação. Varre e limpa com amor. Renovação para se chegar à paz.

TURMALINA VERDE

*Verde és, Turmalina
Irmã curadora da Rosa
Que contribui com
seu trabalho
de regeneração
das células
e de tudo que precisa de vigor,
calor e energia!*

*Eleva o ser ao
seu próprio
santuário interno,
onde descobre
a Unidade,
fonte de toda bem-aventurança!*

*Cura as mazelas,
cura, cura!
Estou aqui para
me curar!*

*Ao seu toque, descubro o que preciso
em mim mudar e realizo
com a sua bênção!
Amém!*

TURMALINA VERDE-ROSA

Verde-Rosa são as gêmeas Turmalinas!
Que, juntas, provocam profunda
cura em todo ser!
Eleva e transforma
Cura e revigora
Abre o coração e
elimina o que não serve mais...
É efeito duplicado
de Cura, Amor e Alegria!
Rejuvenescendo e trazendo a beleza
de um novo dia...

- A Turmalina possui um corpo estriado diferente do Topázio Imperial. O Topázio é mais físico (planeta), e a Turmalina é mais "fria" (multidimensional). Ela é mais sutil e abrangente também.
- Verde (equilíbrio): conforta/Rosa (amor e carinho): suaviza.
- Atua diretamente no coração (a energia veio direto da minha mão para o coração). Trabalha velhas dores, cicatriza. Abre o coração para a vida, cura, revigora. Suaviza palpitações cardíacas/dores no coração (depressão).
- Alegria de viver, entusiasmo, energia – após remover o peso do coração. Restaura o senso de dignidade própria. Cura efetiva!
- Ajuda a perdoar e dissolver os julgamentos, condenações e preconceitos. Trabalha no nível emocional.
- *Quem nunca pecou que atire a primeira pedra.* Mestre Jesus
- Música que me veio como recordação: "Travessia", de Milton Nascimento.

Dica da Turmalina Verde-Rosa: *Tenha a coragem e a força de ser quem você é: um ser de Luz! Não se apague para que os outros se sintam melhores. Irradie a sua Luz interna. Seja forte, decidido e capaz. Irradie a sua força e beleza. Aprenda a cuidar mais de si. Perdoe o* *passado, esqueça quem já lhe magoou e feriu. Tudo isso lhe fortaleceu no aprendizado do Amor. Essas pessoas são testes enviados por Deus. Dissolva tudo em amor e perdão.*

TURQUESA

Faça aquilo que você sabe que é o certo!
Respire sem medo
Vá ao âmago do seu ser
O mais profundo do mais profundo
Do que você tem medo?
De perder o controle?
De Deus?
Do desconhecido?
Abra-se para o novo em sua vida
e deixe o velho para trás...
Adeus, mundo velho de ilusão
Adeus ao mundo sofredor...
Eu não vim para ficar, porque eu não sou daqui.

EU SOU ESPÍRITO
EU SOU O CÉU NA TERRA
EU SOU O EU SOU

- Força da Natureza ligada às águas. Energia vibrante e forte.
- Ajuda a entrar no silêncio (fundo do mar), profundo oceano de paz.
- Imagem que me veio: um baú perdido no fundo do mar, cheio de tesouros.
- Trabalha medos profundos (subconsciente/desconhecido). Aprofundar-se em si mesmo/conhecimento de sua alma.

- Quietude, vazio, silêncio mental. Escutar o silêncio. PAZ.
- Ligação com o pai (Yang). Força de trabalho também.
- Empreendimento: ir para frente – avante! Coragem, vigor, ânimo.
- Encontrar a raiz emocional das doenças.
- Amor, beleza, perfeição, harmonia, amizade, fidelidade.
- É uma pedra curadora.
- Ajuda a ter clareza e discernimento.
- Recuperar suas habilidades latentes. Paciência, tolerância, respeito, respiração.
- Evitar o uso direto dos cristais que trabalham com o subconsciente (como eu sinto), como pingente, por exemplo, porque ele puxa a consciência para dentro, o que não é benéfico. A pessoa pode ficar muito introspectiva (e podem emergir conteúdos inconscientes a qualquer momento).

TURQUESA (2ª meditação)

Beleza e Perfeição
Ousadia e Nobreza
Trabalha o orgulho
e a vaidade
Libertando-nos
da pobreza!
Pobreza de pensamentos e sentimentos
mesquinhos e infames!

Traz à sua Luz Imperial
tudo que precisa ser
renunciado e libertado
Tudo que estava aprisionado na

*garganta e sufocado
como uma
teia grudenta,
esquecida
lá no canto...*

*Trabalha profundamente,
fazendo uma limpeza descomunal!
És brilhante e
és ligeira
És Turquesa,
és perfeição!*

*Amada pelos índios, nossos irmãos...
Lembra-nos que a Natureza é bela e
cuidar dela faz parte da nossa missão!*

- Força guerreira de coragem (dizer o que pensa). Energia de um cavaleiro numa batalha.
- Força indígena dos nativos norte-americanos.
- Saber usar bem as suas palavras a serviço da Luz. Firmeza necessária para saber se colocar. Desbloqueia e destrava o chakra laríngeo. Solta aquilo que está bloqueado na garganta. Expressão fluida (para quem engole muito sapo). Ajuda a dizer o que pensa com sabedoria e amor.
- Boa para quem tem tensão muscular nessa região (garganta/nuca). Relaxa e ameniza dores nesse local.
- Indicada para canto, expressão verbal e profissões que utilizam a voz excessivamente, assim como o Quartzo Azul e a Turmalina Azul.
- Coragem para se colocar (Yang), determinação e firmeza na expressão, fluidez e soltura corporal, destravamento. Posição mais firme e segura diante da vida. Segurança ao falar (para timidez ao falar em público). Plenitude do ser. Trabalha com o subconsciente. Traz à tona memórias dessa região. Purificação intensa.

- **Elixir:** Colocar-se de forma firme. Beleza diante da vida.

Dica da Turquesa: *Calar profundamente pode ser uma boa ação se praticada no momento correto. O silêncio vale ouro – já dizia a sabedoria antiga. Curar a garganta e qualquer desarmonia relacionada a ela exige tato e sensibilidade. Observe suas palavras, a energia que emana delas, o tom de sua voz, e faça as alterações necessárias.*

ULEXITA

- Pedra leve, de energia fluida, etérea. Tive uma sensação de "reino da fantasia" – ilusão, maya (vencer a ilusão de si mesmo), jogo de espelhos.
- Véu de Ísis/desvendar – Carta 2: "A Sacerdotisa", no Tarô. Mistério velado.
- Trabalha no nível mental (na causa dos pensamentos).
- Vencer as ilusões que foram geradas na própria mente e que alguma parte do seu ser ainda acredita. Estar preparado para confrontar-se e lidar com a verdade. Porém, é diferente da Obsidiana, porque aqui é no claro, e não no escuro (como um holofote de luz na sua cabeça ou um desnudar da alma).
- Ela amplia as projeções de si mesmo para se tornar perceptível. Para quem quer aprofundar-se no seu autoconhecimento (usar com parcimônia).
- Para conseguir olhar com discernimento para si mesmo ou para determinada situação. Ver-se através de um espelho límpido, claro, com transparência.
- Traz para o consciente todas essas informações que são percebidas (no chakra frontal). Se estiver se questionando sobre uma situação confusa, ela desvela. Contudo, usar por pouco tempo; energia muito intensa.

Dica da Ulexita: *No que você acredita? Você pensa que isso é você? Você é isso e mais além! Porém, isso pode ser descriado; você mesmo, não. Você é quem se transforma e escolhe o que plantar, o que semear... A colheita é certa, vem daí.*
Lembre-se de quem você é, da sua verdade interna.

UNAKITA

És verde e salmão
Serves no coração
ou abaixo dele?

Sirvo onde precisar
da energia do equilíbrio
Reconduzo a energia
Desloco e direciono
o objetivo

Sou prática e conheço o caminho,
a rota a seguir...

Dou a cura e o carinho
Sou alegre e ensino
a leveza

Quem me seguir
chegará à Verdade
de si mesmo
e descobrirá sua essência mais pura
A criança divina
que existe
em seu ser!

- Cores: Salmão – leveza e alegria / Verde – estabilidade e equilíbrio.
- Auxilia no sistema de filtragem do corpo (como o Jaspe).
- Leveza, suavidade da terra (energia ligada à terra). Boa vontade, pacífica, diplomática.
- Equilíbrio entre opostos.
- Pedra *dhármica* (*dharma*: retidão – caminho correto). Exemplo: Gandhi. Possui a virtude da justiça imparcial. Seria boa para os advogados (pratos da balança).
- Desperta o senso de verdade interior, fazer o que é correto, o que a consciência determina.
- Ameniza circunstâncias difíceis. Estabilidade, equilíbrio nas adversidades. Manter-se centrado na energia do coração.
- Cura as situações em si, e não as pessoas diretamente. Ela atua na vida da pessoa, exercendo sua influência benéfica nas circunstâncias difíceis para as quais se precisa de verdade, justiça e equilíbrio.
- Mantém a mente alegre, jovem e despreocupada. Livre de tensões e tiranias.
- Restaura o que foi perdido. Acessa a memória da infância. Lida bem com a criança interior (pela leveza).
- Trabalha um pouco a ancestralidade, como o Jaspe, mas não é sua função principal.

UNAKITA (2ª meditação)

- Ao olhá-la, tive uma sensação "leve"...
- Apesar de a cor ser do 4º chakra, a energia está mais associada às questões do 1º chakra: físico, planeta Terra.
- Sustentabilidade, visão ecológica. Conexão com a terra, saudável. Pedras ligadas à energia da Natureza: Unakita, Jaspe, Dolomita, Ágata..

- Conexão com o passado, semelhante ao Jaspe. Pré-História. Primitivismo. Trabalha nossas origens ancestrais e nossa passagem pelo planeta. A Terra é a nossa casa. A coletividade e a cooperação que os Jaspes também trabalham é isso. São pedras que têm uma visão do Todo – solidárias. Visão do coletivo, e não só do individual.
- Trabalha a UNIDADE de toda Criação. Nós somos Um!
- É a chave da vitória para toda ilusão e dificuldade nos relacionamentos. Perdão através da visão da unidade.
- Ajuda a pessoa a encontrar seu lugar na tribo, seu papel no quebra-cabeça. Estimula a servir e ser solidário, não pensar só em si (egoísmo). Pedras para vencer o egoísmo: Jaspe, Unakita, Crisoprásio, Quartzo Rosa...
- Estar presente aqui e agora, consciente do seu passado (raízes na Terra). Trabalhar para o bem de todos (retidão).
- Cuidar da sua natureza prática. Praticidade/objetividade.
- Desperta a atenção para o seu corpo aqui e agora. Para pessoas que precisam cuidar mais do aspecto físico (usar junto com a Rodonita: amorosidade).
- Unidade – leveza – cooperação – justiça – alegria – físico (ancestralidade).
- Praticidade ligada ao físico.

ZIRCÃO OU JACINTO

- Ele é bem escuro, marrom.
- Ao olhar, ele invoca: respeito – autoridade (uma coisa de velho, antigo).
- Possui uma energia forte, afirmativa, firmeza de propósito.
- Quando eu me sinto "dentro" dele, é como se ele fosse uma armadura de ferro – dessas de soldados medievais. Sinto-me blindada e invulnerável.

- Aparece-me um unicórnio encantado e a energia me diz que esta pedra não tem nada de encantado. Ela trabalha bem a realidade terrena, sem fantasias. Pés no chão. Sustentar-se, adaptar-se à vida mundana. Para quem vive no mundo da lua e não consegue dar conta das suas responsabilidades.

Dica do Zircão ou Jacinto: *Seja firme com o que tem de ser. Não dê moleza à preguiça, à sonolência, à falta de vontade de viver... Seja firme, seja forte, como um cavalo em uma batalha selvagem e cruel na Natureza (mata virgem/nativa).*

Ser assertivo é necessário de vez em quando, para se proteger, para expulsar as trevas com a força de São Miguel. A forma de Vishnu, metade leão/metade homem, que derrotou Hiranyakashipu, Narasimhadeva com a força do leão selvagem. Não há julgamento na Natureza. Aliar sua docilidade com sua ferocidade – esse é o equilíbrio para não ser engolido na Terra.

Neste momento em que nós estamos, é preciso ser um guerreiro espiritual e punir se necessário. Porém, sem raiva ou sentimento de vingança. Dar conta das tarefas que tem de dar. Ter força física. Não ter pena de si nem autocomiseração.

Depoimento pessoal: Na primeira vez em que meditei com este cristal (esta foi a 2ª), veio-me todo o texto do "Xô, autopiedade!" (do meu livro: *Xô, depressão!*) enquanto eu o segurava – foi impressionante a força dele!

Encerro, por agora, sabendo que o livro não acaba aqui. Sinta-se inspirado a buscar a sabedoria dos cristais neles próprios: na escuta atenta, no olhar curioso, como um aprendiz, pronto ao desvelar de mais um ensinamento. Despeço-me com esta última poesia, desejando que o seu ser divino aflore e reluza, tal como a Luz pura que é! Assim seja!

*Sou Turquesa, sou Água-Marinha
Sou a Cor do Mar!*

*Sou Quartzo Rosa e Kunzita,
Amor e Devoção!*

*Sou Esmeralda,
Sou Aventurina
Verde-vivo,
Saúde e Cura!*

*Sou Cornalina e Calcita Laranja
Vitalidade e Entusiasmo!*

*Sou Sodalita, Lápis-Lazúli
Azul profundo de
um céu noturno*

*Sou Ametista,
Sou Lepidolita
Lilás, violeta,
Transmuto, faceira!*

*Sou Selenita,
Sou Quartzo Branco
Ilumino, irradio Luz
e Pureza...*

*Sou Citrino,
Sou Topázio Imperial
Sou ligada ao Grande Sol Central!*

*Hematita e Granada, Eu sou
Terra e Chão, Sangue e Força de Aço!*

*Turmalina e Fumê, sou também
Ilumino e vou além...*

Sou tantas luzes, brilho e som...
E ao mesmo tempo não possuo
forma alguma
Nem nome nenhum...

Sou o Infinito!
O Ser Divino
Que é Um –
e se manifestou
em muitos...

Eu sou a Vida
Eu sou o Amor
Eu sou o Beija-Flor!
Eu sou a Flor
Eu sou a Dor,
Além da dualidade,
Eu Sou!

Agradecimentos finais

A Deus Pai e Mãe divinos, Origem de Tudo que existe!
Aos Amados Seres Cristalinos, que inspiraram todo esse processo.
À minha Mestra de Cristais, Célia Seabra.
Aos meus pais, Edgarde (*in memoriam*) e Édina, e às minhas queridas irmãs Amanda (*in memoriam*) e Anna Luiza.
Ao meu querido Kléber, por ser a poesia de amor da minha vida. Minha filhinha Katie, que me preenche de amor todos os dias.
À Karina Lima, pela dedicação e apoio com as fotos dos cristais (disponíveis nas redes sociais do livro: @sabedoriadoscristais).
À Regina Dannemann e à Isabella Moraes, pelas primeiras revisões do texto.
À editora BesouroBox, pela oportunidade e belo trabalho desenvolvido neste livro.
A todos os irmãos e irmãs de caminhada.
Aos queridos alunos, pelo aprendizado constante.
Que Deus abençoe e ilumine a todos!
Amém!

Quem sou eu?

Um dia descobri que toda pessoa possuía um nome espiritual em outras dimensões. Em meditação solitária, por meio intuitivo, me percebi Aurora e usei esse nome por muitos anos durante meu trabalho como terapeuta.

Atualmente, pela mesma intuição – essa voz interior que me move – voltei a ser a Ana Carolina e a Aurora ficou emprestada ao nome do meu espaço terapêutico que passou a se chamar: Aurora Pachamama. Sinto que integrar a consciência espiritual de volta ao meu corpo físico só me fortaleceu – tal como uma árvore comprida que precisa de raízes profundas para crescer ainda mais...

Fluir pelas dimensões e navegar em minha consciência, por meio do autoconhecimento, tem sido uma constante em minha vida, desde os 18 anos. Trabalho com Terapias Integrativas, desde 2004, e possuo Mestrado em diversos sistemas de energia, como o Reiki Usui Tibetano, o Seichim, entre outros. Realizei minha formação em Cristaloterapia na *"The Crystal Academy of Advanced Healing Arts"*, da Katrina Raphaell. Agora em 2021, me formo em Psicologia, pela UFCSPA – Universidade Federal de Ciências da Saúde de Porto Alegre.

Assim, agradeço de coração ao leitor pela confiança em meu trabalho. Que possamos juntos despertar em amor e luz e ativar nossa missão a serviço da Terra. Amém!

Ana
@aurorapachamama/ @sabedoriadoscristais
www.espacopachamama.com

IMPRESSÃO:

Santa Maria - RS | Fone: (55) 3220.4500
www.graficapallotti.com.br